***ACCESO GRATIS** a la Lectura en la Nube*

Para visualizar el libro electrónico en la nube de lectura envíe junto a su nombre y apellidos una fotografía del código de barras situado en la contraportada del libro y otra del ticket de compra a la dirección:

ebooktirant@tirant.com

En un máximo de 72 horas laborales le enviaremos el código de acceso con sus instrucciones.

Liderazgo estratégico para mujeres en el sector legal

Segunda edición

Procedimiento de selección de originales, ver página web:
www.tirant.net/index.php/editorial/procedimiento-de-seleccion-de-originales

Alejandra Gómez Moreno
Coordinadora

Liderazgo estratégico para mujeres en el sector legal

Segunda edición

tirant humanidades
Bogotá, 2025

En caso de erratas y actualizaciones, la Editorial Tirant Humanidades publicará la pertinente corrección en la página web www.tirant.com.

Liderazgo estratégico para mujeres en el sector legal / coordinadora: Alejandra Gómez Moreno. -- Segunda edición. -- Bogotá : Tirant Humanidades, 2025

189 páginas

Incluye bibliografía al final de cada capítulo.

ISBN: 978-84-1081-290-1

1. Abogadas. 2. Igualdad de género. 3. Mujeres -- Trabajo. 4. Orientación profesional para mujeres. 5. Mujeres juristas. I. Gómez Moreno, Alejandra, directora de la publicación. II. Buchely Ibarra, Lina Fernanda, autora. III. Zapata, Adriana María, autora. IV. Jaramillo Román, Cristina, autora. V. Aldana Mahecha, Paola, autora. VI. Buriticá Caicedo, Paula, autora. VII. Carneros, Almudena, autora. VIII. Jaramillo Caicedo, Katherine, autora. IX. Piedrahíta Tovar, María Camila, autora. X. Martínez, María Claudia, autora. XI. Gómez Fonnegra, Adriana, autora.

LC: K118.W6

CDD: 340.023082 ed. 23

Catalogación en publicación de la Biblioteca Carlos Gaviria Díaz

EDITA: TIRANT HUMANIDADES
Calle 11 # 2-16 (Bogotá D.C.)
Telf.: 4660171
Email: tlb@tirant.com
Librería virtual: www.tirant.com/co/
ISBN: 978-84-1081-290-1

Si tiene alguna queja o sugerencia, envíenos un mail a: atencioncliente@tirant.com. En caso de no ser atendida su sugerencia, por favor, lea en *www.tirant.net/index.php/empresa/politicas-de-empresa* nuestro Procedimiento de quejas.

Responsabilidad Social Corporativa:
http://www.tirant.net/Docs/RSCTirant.pdf

Índice

El otro lado de la forma: Equidad de género en el sector legal 9
Lina Fernanda Buchely Ibarra

Mi bitácora personal: un viaje de autoconocimiento con Eneagrama 21
Adriana María Zapata

Comunicación y liderazgo desde el Eneagrama 39
Adriana María Zapata

No tengo tiempo. Aprender a gestionar las prioridades 47
Cristina Jaramillo Román

Resiliencia: desde la vida para el liderazgo 65
Paola Aldana Mahecha

Autoconocimiento y Reconexión con el Cuerpo como Herramienta de Autoliderazgo 83
Paula Buriticá Caicedo

Creación de plan de carrera y continuación del desarrollo profesional a la luz de la inteligencia artificial (IA) 101
Almudena Carneros

Construcción de la marca personal en el sector legal 121
Katherine Jaramillo Caicedo

Imagen & Marca Personal (herramientas y ejercicios desde la autenticidad) 131
María Camila Piedrahita Tovar

Una Carta para ti Abogada Junior de Firma 145
María Claudia Martínez

Plan de reconstrucción 159
Adriana Gómez Fonnegra

Persuasión, influencia y poder 173
Adriana Gómez Fonnegra

El poder de soñar 185
Alejandra Gómez Moreno

El otro lado de la forma: Equidad de género en el sector legal

Lina Fernanda Buchely Ibarra

Elena era abogada de una de las mejores firmas del país. Trabajaba, desde que entró allí, 20 horas al día. Recientemente, había sufrido cuadros de estrés y agotamientos severos, lo que la llevó a hacer varias consultas médicas. Después de escuchar las alertas, decidió modificar sus horarios de oficina y salir a las siete de la noche para garantizarse al menos una hora de ejercicio. Después de un mes de implementar, el cambio se sentía muchísimo mejor, pero estaba mucho más aislada que antes. Había visto pasar varios y proyectos que le interesaban por el lado, pese a anticipar su interés en ellos. Ya no tenía casos protagónicos, mensajes de sus jefes para tomar decisiones, o reuniones informales en los que se sentía importante y tenida en cuenta.

Una tarde, antes de irse, se armó de valor y fue a hablar de esto con su jefe, que había sido su mentor de carrera desde la universidad. Él, la escuchó, sin mirarla, y suspiró, diciendo algo que no olvidará nunca: "No tengo tiempo para esto, Elena." El principio es claro y todos lo saben. Las noches son el verdadero horario de trabajo".

Soy profesora de derecho hace más de quince años y he tenido que escuchar historias como estas varias veces. En las voces de mis estudiantes, esta historia se repite de varias maneras, con distintos tintes: madres recientes que sienten que perdieron su carrera por la maternidad, porque "una abogada exitosa no puede tener hijos"; mujeres brillantes que cambian de oficio porque "siempre se sintieron una decoración en las firmas", donde nunca se vieron reconocidas o tenidas en cuenta; o abogadas frustradas en una etapa muy preliminar de su formación porque simplemente sienten que no van a ascender nunca, sean lo buenas que sean.

La preocupación por la errática trayectoria de la mayoría de las mujeres en la profesión legal dejó de ser hace poco algo que compartía con mis estudiantes en cafés de reencuentro, o una charla recurrente con cada colega mujer que me cruzara. En el 2017, la American Bar Association –ABA–, empezó a publicar un conjunto de reportes estadísticos que hacían frente a esta pregunta: ¿Por qué las mujeres abandonan de manera masiva la profesión legal?

Esta preocupación, sostenida además por los años que lleva vigente la iniciativa, muestra a través de la herramienta de la estadística descriptiva que el sector legal es tremendamente hostil para las mujeres. Haciendo un análisis sobre el universo de todas las asociadas, la ABA encontró una paradoja: pese a que las mujeres lograban sortear las barreras de acceso a la educación legal y graduarse en paridad con los varones desde el siglo pasado en las escuelas de derecho de los EE. UU., su vida promedio en las firmas era muy corta: 10 años. Esto implicaba que las mujeres hacían esfuerzos importantes emocional, económica e intelectualmente para ir a la escuela de derecho, pero una vez en el mercado laboral sus trayectorias profesionales eran comparativamente cortas con las de sus pares varones, para quienes el promedio de vigencia casi triplicaba el de ellas[1].

¿Qué les pasa a las abogadas? ¿Por qué el esfuerzo por llevar a las mujeres a la universidad parece no ser suficiente cuando se habla de

1. Investigaciones periodísticas recientes muestran cómo esto sucede en Colombia. En el mes de Noviembre de 2024 el reconocido portal la Silla Vacía publicó la investigación "El patrón e abusos en las firmas de abogados más poderosas de Colombia" de Mariana Zapara Amorocho y Daniel Pacheco. En esta investigación no sólo se analizan las figuras legales con las que las firmas naturalizan el abuso laboral (cláusula de dirección, confianza y manejo) sino que muestran a las firmas como ambientes altamente discriminatorios, en especial por género y clase. Ver: https://www.lasillavacia.com/silla-nacional/el-patron-de-abuso-laboral-en-las-firmas-de-abogados-mas-poderosas-de-colombia/

inclusión? Uno de los estudios publicados en el 2019 por la ABA muestra muchos parecidos con la historia de Elena. Las mujeres mencionan que abandonan el sector legal debido a sus compromisos de cuidado en un 58 %, sobre todo después de la maternidad pero no exclusivamente por ella (porque el cuidado de los padres o familiares enfermos también fue detectado como un factor recurrente en la deserción); por un agotamiento de los niveles de estrés en el trabajo en un 54 %; por un aburrimiento de las lógicas de mercado y la competencia presentes en la firma en un 51 % o por una imposibilidad de generar balances entre su vida personal y profesional, en un 46 %[2].

A esta preocupación sobre las mujeres que ya no están en el sector se le sumó una por las que actualmente sí están dentro de él. El mismo estudio de la ABA indaga por condiciones ansiógenas dentro del espacio de trabajo, encontrando brechas tremendas de género. Al preguntar por los picos de estrés en el desarrollo profesional cotidiano, los hombres responden en un 6 % que los padecen, frente a un 38 % de las mujeres. La frecuencia con que esto ocurre es otro indicador grave. Los hombres mencionan que se sienten incómodos en el trabajo frente a cambios o en presentaciones externas, en público. Las mujeres, en cambio, señalan que su vida en el trabajo es un continuo de incomodidades: están incómodas en el momento de llegada, en las reuniones de trabajo, en las reuniones con jefes o directivas, en los espacios informales, en los momentos de trabajo individual. Cuando se indaga por las razones de la ansiedad continua, encontramos que todas tienen que ver con el género: ser juzgadas por el vestuario o el autocuidado en el momento de llegada, no ser tenidas en cuenta en las reuniones colectivas, tener que alternar

2. Estos resultados son públicos y pueden verse en línea. Ver ABA. In their own words. *Experienced Women Explain Why They Are Leaving Their Firms and the Profession* https://www.americanbar.org/groups/diversity/women/initiatives_awards/long-term-careers-for-women/in-their-own-words/ Rescatado en febrero 26 de 2023.

los espacios informales con la atención a su familia y tener menos horas de concentración por la presencia de trabajo de cuidado[3].

Pocas investigaciones sobre mujeres en la profesión jurídica se han hecho en Colombia. Conozco una preliminar desarrollada por María del Pilar Carmona (2017) en la que se hace un trabajo de análisis cualitativo con testimonios de mujeres vinculadas con firmas de abogados en Bogotá. Los resultados son muy similares a los hallazgos de las investigaciones publicadas por la ABA en el contexto de EE. UU. Primero, las abogadas sienten que tienen roles secundarios es sus equipos y todas pueden identificar al menos una clase de violencia de género en sus contextos laborales: simbólica (*me dan la palabra con menos frecuencia; me dejan en claro que soy solo la cara bonita de la firma*), emocional (*dicen que tengo que esforzarme continuamente; se burlan de mí con frecuencia*), sexual (*mis superiores y pares se me han insinuado sexualmente varias veces*) y económica (*me pagan menos que mis pares porque dicen que tengo un marido que puede completar los ingresos de mi hogar*)[4].

En el sector judicial, los patrones parecen replicarse. La tesis doctoral reciente de María Adelaida Ceballos presenta un trabajo cualitativo de análisis de entrevistas con mujeres en la administración de justicia con datos sobre el rendimiento de mujeres y hombres en los concursos de méritos de la judicatura, que es la herramienta que se usa localmente para proveer cargos en la administración de justicia y asignar ascensos

3. Los resultados de esta investigación pueden verse en línea: ABA. Walinkg out the door. The Facts, Figures, and Future of Experienced Women Lawyers in Private Practic: https://www.americanbar.org/groups/diversity/women/initiatives_awards/long-term-careers-for-women/walking-out-the-door/. Rescatado el febrero 26 de 2023.
4. María del Pilar Carmona (2017). Mujer Vs Abogada. Tesis de grado para optar al título de magister en derecho. Universidad de los Andes.

a las personas ya vinculadas a ella[5]. La autora identifica al menos dos brechas de género notorias: existen más mujeres en la base operativa de la administración de justicia que en los tribunales y altas cortes; y las mujeres perciben mayores dificultades que los varones para lograr ascensos usando herramientas como test o exámenes. En el trabajo cualitativo, por ejemplo, uno de los hallazgos fue la constante identificación de mujeres nombradas en temporalidad por "favores" masculinos. Esto implica que, debido a las barreras que ellas encuentran en el sistema de nombramientos permanentes, muchas mujeres buscan saltar los instrumentos "objetivos" para ocupar lugares en la judicatura. Otro elemento que identifica el trabajo es que muchas de esas mujeres que "saltan" son o han sido empleadas en los tribunales y muchas veces los/las magistrados/as están buscando recompensar el buen trabajo de sus subordinadas al ofrecerles un cargo provisional. En cualquier caso, el mérito de las mujeres es percibido como un atajo.

La situación en nuestro país resulta aún más paradójica si analizamos de cerca la presencia de las mujeres en las facultades de Derecho. Al menos desde el año 2000, existen más mujeres graduadas de la carrera de derecho que varones[6]. Los análisis estadísticos recientes muestran que (i) existen más mujeres admitidas en las carreras de derecho que hombres; (ii) los hombres desertan de manera más frecuente que las mujeres de la carrera de derecho o estudios jurídicos y (iii) Las mujeres tienen mejores calificaciones y llegan en más número a especializarse[7].

5. Técnicamente, en la rama no hay ascensos. Si un juez municipal quiere subir a circuito, él o ella participará con el resto de los/las participantes, desde el punto cero.
6. Ceballos Bedoya, M. A., (2018). Inclusión de género, exclusión de clase. Las mujeres en la educación jurídica colombiana. Revista de Derecho, (49),113-141.[fecha de Consulta 29 de Enero de 2023]. ISSN: 0121-8697. Recuperado de: https://www.redalyc.org/articulo.oa?id=85159528005
7. Interpretación independiente con base en los datos de pruebas SaberPro 2018, 2019 y 2020. Saber Pro es la prueba gubernamental del Estado de

Una lectura de los datos disponibles desde la perspectiva de género a la situación de las mujeres en la profesión legal en Colombia señalaría varios elementos. Las mujeres se sienten incómodas siendo abogadas porque no les dan el crédito suficiente por su trabajo; hay ambientes de mucha competitividad con bajas prácticas de cooperación dentro de los equipos; constantemente se sienten aisladas y excluidas de las discusiones con más repercusiones dentro de la organización; es frecuente que las mujeres mencionen que no existe diversidad en el liderazgo dentro del sector, ya que hay una notable endogamia en el liderazgo (hombres, blancos y heterosexuales, normalmente graduados de las mismas universidades) y constantemente son víctimas de discriminación y hostigamiento (siendo las dimensiones simbólicas y económicas las más importantes, en la que es latente, por ejemplo, la brecha salarial dentro del sector legal). Adicionalmente, sufren las consecuencias negativas de la sobrecarga de trabajo de cuidado. Es casi imposible conciliar la vida familiar con la trayectoria de éxito en la abogacía, por lo que las mujeres abogadas deben escoger entre estar en sus hogares y ser una abogada sin reconocimiento o ser exitosa y tachada de "mala madre". Ninguno de los caminos resulta sencillo.

Existen aquí varios problemas que la literatura de género ha señalado como estructurales para nosotras:

- Techo de cristal: *las mujeres abogadas sienten que no pueden ascender, de manera independiente de sus resultados, rendimiento y mérito*[8].

Colombia para conocer el rendimiento de abogadas y abogados en los últimos semestres de su carrera. Ver https://www.icfes.gov.co/

8. Sobre este fenómeno hay investigaciones recientes. El año pasado se lanzó el libro "Desafiando barreras: Mujeres rompiendo techos de cristal en el mundo laboral" que recoge 27 entrevistas de mujeres en el sector legal que cuentan cómo han percibido límites constantes en su trayectoria profesional.

- Pared de cristal: *Las mujeres abogadas sienten que no se pueden desempeñar en las áreas más competitivas y que su rol como mujeres las ubica en determinados campos muy cercanos a la división sexual del trabajo, como el derecho de familia o el derecho constitucional. Las áreas más rentables, por lo contrario, son otras (y están asociadas con los roles masculinos). Estamos hablando del derecho penal, el comercial, el tributario.*
- Piso resbaloso: *constantemente las mujeres se sienten amenazadas en las organizaciones, sintiéndose solas, aisladas y en peligro de caer.*
- Piso pegajoso: *Las mujeres sienten que están pegadas al piso y no pueden transformar la trayectoria de sus destinos.*
- Síndrome de la impostora: *Las mujeres terminan sintiendo que realmente los varones tienen más tiempo para analizar los casos que ellas mismas y son mejores que ellas. Frecuentemente, sienten que ocupan sus lugares profesionales no porque lo merezcan, sino porque han logrado "engañar" a sus pares. Viven huyendo y evitando "que las descubran"*[9].

Pese a que el concepto de "techos de cristal" ha sido criticado por alguna literatura, principalmente por minimizar los límites que tienen las mujeres en el mundo del trabajo, trabajos como este logran evidenciar la recurrencia de las dificultades en las vidas profesionales de las mujeres haciendo foco en posibilidades de asenso y liderazgo. Ver: Arévalo Gil, N., Camacho Ramírez, A., Morad Acero, J. P., & Orduz Pérez, D. M. (2024). Desafiando barreras: Mujeres rompiendo techos de cristal en el mundo laboral. (1 ed.) Tirant lo Blanch. https://editorial.tirant.com/co/libro/desafiando-barreras-mujeres-rompiendo-techos-de-cristal-en-el-mundo-laboral-9788418802959#

9. Una de las mejores investigaciones empíricas sobre el fenómeno es: Feenstra Sanne , Begeny Christopher T. , Ryan Michelle K. , Rink Floor A. , Stoker Janka I. , Jordan Jennifer (2020). Contextualizing the Impostor "Syndrome" in Frontiers in Psychology Vol 1 Ver://www.frontiersin.org/journals/psychology/articles/10.3389/fpsyg.2020.575024

- Trabajo de cuidado: *Las mujeres sienten que no quieren ascender porque eso es incompatible con el rol de madre o cuidadora*[10].
- Club de Tobby: *Las decisiones siempre se toman en cenas o salidas a las que nunca me invitan.*

Las asimetrías en el sector legal son notorias. Hay una tradición en la literatura académica relacionada con los estudios legales de derecho y sociedad que establece vínculos y conexiones entre esta circunstancia (un terreno de trabajo asimétrico) y la manera en la que los servicios jurídicos y el trabajo de los y las abogadas reproduce la desigualdad, la exclusión y la injusticia. Organizaciones con contextos inequitativos trabajan menos por la justicia social y el bienestar general[11]. Para los servicios jurídicos, trabajar en condiciones de equidad (y transmitirla a sus usuarios y clientes) está prácticamente inmersos en su área de influencia.

10. La literatura sobre carga de cuidado y mujeres profesionales es abundante. Uno de los análisis más recientes, que tiene en cuenta las dinámicas del trabajo remoto derivadas de la pandemia es el texto de Tapia- Tapia, Fajardo- Monroy y Padrón- Palacios. En este trabajo, analizando las experiencias profesionales de las mujeres académicas, las autoras muestran cómo las mujeres imbrican sus dinámicas de cuidado en su desempeño profesional con tres efectos principales: perdida de oportunidades de ascenso, disminución de ingresos (especialmente reflejados en beneficios extralegales) y bajo trabajo de relacionamiento o redes. Existe entonces algo que podemos reconocer como la "penalidad por maternidad" Ver: Tapia-Tapia, S., Fajardo-Monroy, G., & Padrón-Palacios, T. (2023). Reproducción social, género y academia durante la pandemia de Covid-19: Experiencias desde Ecuador. *Sociedad Y Economía,* (48), e10411972. https://doi.org/10.25100/sye.v0i48.11972
11. La organización Aequales empieza a documentar cómo lo contrario ocurre: entre más equitativos los espacios de trabajo, más efectos de reproducción social del bienestar tiene la organización. Ver: https://aequales.com/rankingpar/#queesranking

¿Qué hacemos para construir un mundo del trabajo equitativo en el sector legal?

Hay muchas cosas que se están haciendo por la equidad de género en el sector legal. Una iniciativa tremendamente importante es la medición de la equidad en las organizaciones. El Ranking PAR, liderado por la organización Aequales y apoyado desde sus inicios por la firma Gómez Pinzón, es un ejercicio estadístico que evalúa a las empresas inscritas en políticas y procesos en pro de la equidad y la diversidad[12]. Este ejercicio de medición no solo logra valorar el comportamiento de las empresas en gestión del conflicto de violencias basadas en género, paridad en cargos directivos y operativos, políticas de contratación y cultura organizacional, sino que genera informes gratuitos de diagnóstico y tareas para las empresas que desean presentarse al ejercicio. De a poco, las grandes firmas de abogados se han venido presentando y mostrándose sensibles a un tema que cada vez más habla de la calidad de las organizaciones.

Pese a ello, ejercicios como el Ranking PAR han sido poderosos en las ciudades capitales (se mide hace más de siete años en 18 países de América Latina) pero débiles en las ciudades no capitales. En estos espacios, sin embargo, también hay importantes iniciativas. Cada vez son más variadas las consultoras con distintos enfoques que le hacen frente a estos temas: Equilatera, Sentiido: género, diversidad y cambio social y el Observatorio para la Equidad de las Mujeres -OEM-, por ejemplo. La Red- Jurídica Feminista es una iniciativa heterodoxa que presta servicios legales ofertados para mujeres y desarrollados por mujeres, especialmente en casos que involucran temas de violencia basada en género. Hay varias iniciativas actuales de construcción de directorios de abogadas feministas que tengan una comprensión alternativa del derecho y, además, unas prácticas jurídicas acordes con el principio de equidad. Casa Tejida, en Cali, es una de ellas, que combina la construcción del directorio con una iniciativa que busca formar

12. Ver: https://aequales.com/rankingpar/#queesranking

a abogados y abogadas en firmas para que incorporen la perspectiva de género en su acción cotidiana.

Hay también varias iniciativas que le apuntan a la transformación de la educación jurídica desde la perspectiva de género. La Red Alas, por ejemplo, es una asociación de profesoras de derecho que trabaja por esto hace más de 18 años e integra a 75 docentes en toda América Latina generando contenidos, literatura, alternativas pedagógicas, reformas curriculares y syllabus con perspectiva de género[13]. La idea de Alas es impactar la educación jurídica para transformar el rol social del derecho, construyendo universos más equitativos.

Ahora bien, estas alternativas de cambios estructurales son de largo aliento. En los últimos cinco años, he dedicado parte de mi labor docente a preguntarles a las mujeres del sector legal qué ha hecho más amigable sus vidas dentro de sus campos de ejercicio. Con esto he construido un listado de cinco alternativas para las organizaciones que impactan la vida de las mujeres. Así funcionan los cambios que las abogadas sugieren para construir un mundo del trabajo equitativo en el sector legal:

- **Construir redes activas de mentoras y apoyo.** Esto es, de lejos, la estrategia más referida. Implica, como una abogada amiga me dijo en una clase, ser "espejo". Decir tranquila "a mí me pasó" y trabajar en red siendo consciente de las mujeres que tenemos cerca y que recorren los mismos caminos que nosotras. Algunas organizaciones feministas lo enuncian como sororidad. En el ambiente de las organizaciones lo llamamos mentoría.
- **Construir ambientes de trabajos colaborativos.** "Menos competencia, más solidaridad". Una de las principales razones por las que las mujeres abandonan las firmas son los ambientes que exacerban el individualismo, la comparación y la competencia. Por el contrario, diseñar servicios legales que partan del equili-

13. Ver: https://redalas.net/red

brio y potencia de lo colectivo no solo mejora los rendimientos del equipo de trabajo, sino que genera bienestar a las personas que allí participan y replica geométricamente (a familias y contextos cercanos). Adicionalmente, produce escenarios de trabajo más equitativos y mejora la percepción subjetiva de los y las trabajadoras.

- **Tener políticas de reconocimiento de carga total de trabajo o redistribución de trabajo de cuidado.** La sobrecarga de cuidado es de lejos el factor más ansiógeno de las mujeres en el sector legal. Lo padecen las madres, las no – madres (por el riesgo de que pueden llegar a hacerlos) o cualquier mujer que tenga en su entorno cercano una crisis de cuidado (un familiar enfermo o con alguna dependencia mayor a la del promedio). Para ello, las organizaciones se han inventado distintos ajustes: bonos de cuidado (descarga de trabajo profesional reconociendo la carga de trabajo en casa), protocolos de trabajo flexible en horario y lugar para madres de hijos menores de cinco años, promociones a la paternidad activa (que entreguen bonos de tiempo a los padres para cuidado de sus hijos, por ejemplo), licencias de paternidad extendida o capacitaciones en nuevas masculinidades, son algunas de las medidas diseñadas para valorar, redistribuir y reducir la carga de trabajo de las mujeres abogadas.
- **Afirmar el compromiso con los liderazgos femeninos** (cuotas y apoyos diferenciales) y las contrataciones de mujeres para garantizar la paridad. Es importante tener paridad de género en todos los niveles de la organización. Esto implica, por su puesto, no solo la suscripción abierta de acciones afirmativas y cuotas para los cargos que los requieran, sino también planes de formación y promoción de mujeres que rompan el techo de cristal. Esto implica, además, revisiones exhaustivas de equidad salarial en las organizaciones y planes de diagnóstico de divisiones sexuales del trabajo en las empresas.

- **Hacer reflexiones conscientes sobre estereotipos de género.** Hacer de género un tema de conversación es un compromiso de todas. Ponerlo sobre la mesa, mostrar su complejidad, trabajarlo formal e informalmente. Solamente el compromiso colectivo con ambientes de trabajo más equitativos y libres de prejuicios asimétricos mejorará la experiencia de las mujeres en el sector legal.

Por lo pronto, las esperanzas están en los salones de clase. Las abogadas de hoy son distintas a las abogadas de hace diez, veinte o treinta años. Hablar de equidad con ellas, y con los nuevos abogados varones, es hablar de un asunto de justicia. Creo que, después de todo, solo necesitamos hablar de esto, en voz alta, en los salones de clase, en las salas de reuniones. Servicios jurídicos con equidad generan arquitecturas sociales de bienestar. Ese es nuestro norte.

Mi bitácora personal: un viaje de autoconocimiento con Eneagrama

Adriana María Zapata

"Quien mira hacia afuera, duerme; quien mira hacia adentro, despierta."

Carl Gustav Jung

¿Has pensado en quién eres tú, realmente?

El origen de todas las cosas buenas que nos pasan, así como de todas las cosas que nos cuestan y que nos hacen sufrir, está en nuestra mente. La razón es que tanto lo bueno como lo retador viene de las decisiones que tomamos.

Cada día se presentan frente a nosotros un sinfín de decisiones por tomar y, a medida que las vamos tomando, vamos construyendo nuestro camino. Lo que pocas veces nos detenemos a preguntarnos es: ¿cuál es la razón real de nuestras decisiones? Seguramente pensarás: "No, un momento, yo siempre tomo decisiones informadas y analizadas". Y no te lo puedo negar. Pero, ¿qué parámetro define **tus** razones? Y más aún, ¿cómo le das un mayor o menor valor a cada una de ellas? La respuesta a esta pregunta está en aquello, a lo que tú le das mayor importancia en tu vida, lo cual, a su vez, se va formando de los miedos y motivaciones intrínsecos que construyen tu dinámica de personalidad.

Muchas veces, estas motivaciones y miedos están en el inconsciente. Imagínate que tienes una biblioteca gigante llena de libros. Hay algunos que están a la mano y otros que están muy atrás, escondidos en estantes ocultos y unos detrás de otros. Muy bien, muchas veces los miedos y motivaciones intrínsecos que tenemos están muy escondidos.

Por eso, este escrito busca darte pistas sobre ti misma. Es un mapa para que puedas "encontrar esos libros ocultos" para conocerte y analizar objetivamente tus acciones y tus reacciones, de forma tal que puedas saber cuándo ciertos rasgos de tu personalidad se manifiestan por cuenta de una emoción reactiva, de un miedo personal o de un trauma que hayas vivido, y cuándo, dichos rasgos se manifiestan desde tu esencia, desde la luz que puedes aportar al mundo, aun cuando puedan generar molestia a otros.

También te va a dar claridad sobre un tema clave: el cambio. En la vida, muchas situaciones y personas nos exigen cambiar. Y muchas veces forzamos ese cambio sin pensar en si realmente queremos, o no, hacerlo. Por la presión social, por el ¿qué dirán?, por lo que otros esperan de nosotras.

En este capítulo también podrás evaluar si realmente quieres o no hacer cambios en ti. No por presión social, sino porque genuinamente quieras desarrollarte como ser humano y tener una vida más plena y feliz. En resumen, vas a poder responder a tus expectativas y no a las de otros, porque vas a poder ver tu dinámica de personalidad, los regalos que te trae y también los costos que representa. Y una vez lo veas, podrás tomar las decisiones que quieras tomar, si es que decides incorporar este conocimiento a tu vida.

Antes de continuar, recuerda. Cada una de nosotras tiene un propósito específico y muy especial. Cuando observamos con detalle, nos damos cuenta de que todo tiene un orden y que es la participación de cada ser único lo que crea la realidad.

Por eso, precisamente, te invito a que te aproximes a este conocimiento con objetividad, con empatía, con compasión, con amor. No te enfoques únicamente en los costos, reconoce también las ventajas de tu dinámica de personalidad. No busques dejar de ser quien eres sino, por el contrario, conócete a fondo y busca potenciar tus habilidades, cualidades y características para tener impactos significativos y, en el entretanto, tener una vida que valga la pena. Una vida que te llene el espíritu y de la que estés orgullosa ahora y cuando ya esté llegando el final.

Para aplicar lo que vas a aprender, te invito a que vayas construyendo tu bitácora personal[1]. Toma un cuaderno especial para ti, uno que utilices para tus cosas. Empieza por escribir allí tu nombre (bien dicen que es la palabra más dulce que un ser humano puede escuchar) y la fecha en la que empiezas a llevarlo. Si te gusta profundizar en ti, vas a encontrarlo de muchísima utilidad. En ese cuaderno podrás incluir también las cosas que te gustan, pueden ser imágenes, fotos de momentos de tu vida, frases célebres que resuenen contigo. Esto será un propósito continuo, un escape a tu propio mundo. Aquí podrás ir tomando nota de todo lo que irás aprendiendo en este escrito y lo aplicarás de una vez a tu vida.

Crear una bitácora personal es un gran proyecto, tanto por su relevancia como por su magnitud, y es un trabajo continuo. Hoy, darás un primer paso de autodescubrimiento que puede darte mucha claridad para las decisiones que tengas que tomar en tu vida. Lleva siempre tu bitácora contigo y continúa construyéndola; será una gran guía para tu vida. Ese es el propósito de la bitácora personal.

Sin más preámbulos, te contaré sobre el ***Eneagrama***.

Debo dejar un *disclaimer* importante: este capítulo no es un curso de eneagrama, es apenas una brevísima presentación. Esta herramienta es muy robusta, puede estudiarse y aplicarse desde la mayor sencillez hasta una gran complejidad; no es extraño, finalmente nos describe a los seres humanos que somos tantos y tan diferentes. Te compartiré un abrebocas de los aspectos principales que he aprendido en más de 15 años de estudio y de experiencia personal, de acompañar a personas, parejas y equipos a conocerse, entenderse y desarrollar su mejor versión, empleando como herramienta el eneagrama. Entremos en materia.

1. Bitácora: "*Armario, junto al timón, donde está la brújula'. Se emplea a menudo en la locución cuaderno de bitácora, 'libro en que se apunta el rumbo, la velocidad, las maniobras y demás accidentes de la navegación*" https://www.rae.es/dpd/bit%C3%A1cora

El Eneagrama

El Eneagrama es una herramienta de estudio de la personalidad que se fundamenta en el estudio de los miedos y motivaciones fundamentales de los seres humanos. Como su nombre lo indica, el eneagrama nos presenta nueve (enea) tipos–o arquetipos–de personalidad, cada uno de ellos con un miedo y una motivación intrínseca. Además, nos habla de la existencia de tres subtipos instintivos que, si se combinan con los 9 eneatipos, terminan mostrándonos 27 tipos de personalidad. En este escrito nos limitaremos a presentar los 9 eneatipos para motivarte a conocer y profundizar más sobre esta fantástica herramienta.

A pesar de que hay quienes han manifestado que cada persona tiene un único eneatipo, que es así desde que nace hasta que muere, y que sus cambios obedecen a su evolución dentro de ese mismo tipo de personalidad, he encontrado que las personas sí tenemos un tipo de personalidad principal o de esencia, pero también tenemos rasgos de otros tipos de personalidad que se manifiestan en nuestra vida según las circunstancias en las que nos encontremos y según las experiencias que vivimos.

Me gusta ver el estudio del eneagrama como una "foto" de nuestra dinámica de personalidad tomada en un momento específico del tiempo, que puede cambiar (y usualmente cambia) a lo largo del tiempo. Eso sí, también he encontrado que ese eneatipo principal tiende a mantenerse a lo largo de la vida en cada individuo y que, cuando no está manifestándose, usualmente refleja que no la estamos pasando muy bien o, al menos, que podríamos estar mucho mejor. El eneagrama, entonces, es para mí una herramienta dinámica, que nos permite ver los cambios por los que pasamos en la vida y que va más allá de identificarnos con un único tipo: es un estudio integral.

También es importante resaltar que, dentro de cada eneatipo, hay estados de mayor o menor evolución que la misma herramienta nos muestra cuando se adoptan comportamientos de otros arquetipos. A mí me gusta hacer la analogía con Star Wars: Dentro de nuestro eneatipo de esencia podemos estar en un lado de luz (Jedi) o en un lado de oscuridad (Darth). Y cuando estamos en el lado oscuro, sufrimos, sufrimos mucho y esto nos motiva a hacer cambios que nos lleven a tener una vida plena y significativa.

Veamos, brevemente, cada *eneatipo*. Ya que tienes tu bitácora personalizada, ve escribiendo en ella los resultados de los ejercicios que harás a lo largo de este escrito. Pon la fecha, porque el eneagrama es dinámico y puede ser que, más adelante, tus resultados cambien según tus experiencias de vida. Te invito a que, al leer, vayas pensando en qué tanto te sientes descrita y en qué tanto ves a otros reflejados en la descripción para que puedas interiorizar el conocimiento.

Los Eneatipos

El Eneatipo 1 es el perfeccionista o reformador. Su mayor motivación es hacer las cosas bien, de manera correcta, según su propio criterio sobre lo que está bien y sobre lo que es correcto. Son personas altamente enfocadas en el detalle, con valores morales muy arraigados y con cierta tendencia a clasificar todo en bueno y malo, correcto o incorrecto. Son expertos en juzgar. Su mayor miedo, entonces, es equivocarse o hacer algo que vaya claramente en contra de sus valores morales. Cuando esto sucede, el nivel de sufrimiento es muy intenso.

Para transitar hacia su lado de luz, deben trabajar en la aceptación y en ver la riqueza de la vida desde sus múltiples colores, por oposición a los extremos. Por supuesto, como más adelante irás viendo, caminar hacia la luz siempre implica, por un lado, enfrentar tu mayor miedo y, por otro, potenciar los regalos que le trae al mundo tu dinámica de personalidad.

<u>Preguntas de identificación:</u> ¿Qué tanto sufres cuándo te equivocas? ¿Es algo que puedes asumir fácilmente y pasar la página o es algo que te atormenta y te da miles de vueltas en la cabeza? ¿Qué tanto te obsesionas con pequeños detalles y buscas que todo esté "perfecto"?

¿Qué tanto te sientes identificada de 1 a 10? Señala con una x donde corresponda:

1	2	3	4	5	6	7	8	9	10

Escribe acá (o en tu bitácora) un par de personas que veas reflejadas en el Eneatipo 1:

___

___

___

Acción para vivir mejor

Si te identificas con el *eneatipo* 1, practica la autocompasión. La búsqueda de perfección no solo es imposible, sino que cobra peajes muy altos. Disfruta la vida sin juicios tan excesivos. La rigidez solo llevará a que te quiebres.

El Eneatipo 2 es el ayudador o colaborador. Su mayor motivación es pertenecer, es sentirse querido, valorado, valioso para la gente que le importa. No tiene realmente delirios de grandeza; lo que importa es su gente. Son personas sumamente serviciales que identifican fácilmente las necesidades de los demás y están prestos para satisfacerlas. Su mayor miedo es sentirse rechazados, sentir que no hacen parte de su grupo, que no son valiosos ni importantes. Esto hace que sacrifiquen sus necesidades personales por las de los demás.

Para transitar hacia su lado de luz, deben trabajar en poner límites, en reconocer su propia valía y en satisfacer sus propias necesidades, incluso si esto implica no acceder a las peticiones o necesidades de los demás. En resumen, deben darse el valor que buscan por fuera.

Preguntas de identificación: ¿Qué tanto sufres cuando otros no te aceptan, te quieren o te reconocen como valiosa para ellos? ¿Qué tanto estás poniendo límites para procurar tu bienestar? ¿Qué tanto estás poniendo sobre la mesa tus propias necesidades y tus propios gustos? ¿Qué tanto quieres dejar de ser tú por cuenta de lo que otros piensan?

¿Qué tanto te sientes identificada de 1 a 10? Señala con una x donde corresponda:

1	2	3	4	5	6	7	8	9	10

Escribe acá (o en tu bitácora) un par de personas que veas reflejadas en el Eneatipo 2:

___

___

___

Acción para vivir mejor

Si te identificas con el *eneatipo* 2, cuídate y, cuando tengas que poner límites para ponerte primero, hazlo. Te lo mereces. Finalmente, aprende a disfrutar de la soledad, sé que es duro, pero es ahí donde encontrarás el lugar seguro e incondicional que estás buscando afuera.

El Eneatipo 3 es el triunfador o motivador. Su mayor motivación es ganar, triunfar, en todos los aspectos. Su mayor miedo es perder, fracasar. Para ellos, su imagen personal es de la mayor importancia, son personas con una gran orientación a la consecución de resultados. Por su gran miedo a fracasar, pueden tender a estar demasiado enfocados en presentar una imagen de grandeza, desconectándose de sus propios sentimientos para impresionar a los demás. Incluso, pueden aprovecharse de los logros de los demás para ganar ese crédito personal.

Para transitar hacia su lado de luz, deben esforzarse por ser humildes, verdaderos y presentarse como realmente son. Deben comprender que su valor personal no viene de ser los mejores en todo, situación que resulta imposible.

Preguntas de identificación: ¿Qué tanto sufres cuando no te reconocen como la mejor? ¿Qué tanto te preocupas constantemente en vender una imagen de ser la mejor? ¿Qué tanto puedes aceptar el fracaso? ¿Qué tanto sufres terriblemente cuando no logras lo que te propones y, más aún, cuando tienes que reconocerlo frente a otros?

¿Qué tanto te sientes identificada de 1 a 10? Señala con una x donde corresponda:

1	2	3	4	5	6	7	8	9	10

Escribe acá (o en tu bitácora) un par de personas que veas reflejadas en el Eneatipo 3:

____

____

____

Acción para vivir mejor

Si te identificas con el *eneatipo* 3, crea relaciones profundas en las que puedas apoyarte y compartir honestamente también tus fracasos. Aprende a descansar, haz lo que te llene a ti, así no implique reconocimiento de otros.

El Eneatipo 4 es el artista, creativo o individualista. Su mayor motivación es ser diferentes en el sentido de tener una identidad propia, y su mayor miedo es ser ordinarios, comunes, "uno más". Son personas sumamente creativas, profundas y conectadas con la emoción; realmente les molesta lo ordinario, lo que carece de valores y de profundidad. Su habilidad de crear es realmente inspiradora. Ahora, por su búsqueda constante de autenticidad, pueden tender a deprimirse y a entrar en estados de emociones muy bajas, a ser muy sensibles, envidiosos y poco productivos.

Para transitar hacia su lado de luz, deben trabajar en ser prácticos, en poner toda esa creatividad en buen uso y llevar toda esa inspiración a la realidad; en salir de la cueva mental de introversión que pueden crear y en la que se alejan de otros, para conectar con eso que los hace únicos.

Preguntas de identificación: ¿Qué tanto te ves a ti misma en una búsqueda constante, por ser diferente, por hacer algo significativo y profundo y sientes que no llegas al punto en el que realmente lo logras? ¿Qué tanto te encuentras a ti misma conectando con emociones negativas por largos periodos de tiempo, alejada de otros y en profunda introversión? ¿Qué tanto estás llevando a la práctica aquellas cosas que tú puedes crear o qué tanto sientes que te quedas rumiando en emociones bajas que te impiden ser productiva?

¿Qué tanto te sientes identificada de 1 a 10? Señala con una x donde corresponda:

1	2	3	4	5	6	7	8	9	10

Escribe acá (o en tu bitácora) un par de personas que veas reflejadas en el Eneatipo 4:

___

___

___

Acción para vivir mejor

Si te identificas con el *eneatipo* 4, procura ser más práctica. Observa si estás cargando con una emocionalidad muy intensa que no te deja moverte y procura traer objetividad. Ya eres única, no hay nadie igual a ti, así que disfrútate, acéptate, quiérete y pon en práctica eso que te hace única. La practicidad te va a ayudar a salir de ese exceso de emocionalidad.

El Eneatipo 5 es el analítico, investigador o pensador. Su mayor motivación es el conocimiento, entender el universo. Su mayor miedo es la ignorancia. Son personas que tienen un fuerte componente mental que los lleva a querer profundizar y conocer. Por eso, su capacidad de hacer investigaciones, análisis, estudios, mapas mentales y de llegar a conclusiones muy valiosas de construcción de conocimiento, son su área de experiencia. Usualmente, son personas poco afectivas y más orientadas a la objetividad. Como el eneatipo 4, tienen una gran capacidad de interiorización, pero la del eneatipo 5 se enfoca en la mente, más que en la emoción. Cuando están en tensión, se dispersan y tienen una fuerte ansiedad por entenderlo todo, lo cual resulta imposible; además, se alejan cada vez más de la gente, se aíslan y desarrollan niveles de ansiedad muy altos.

Para transitar hacia su lado de luz, deben trabajar en encontrar el área en la que quieren profundizar y trabajar en ella, así lograrán satisfacer esa motivación de conocimiento profundo y evitarán esa búsqueda de ser expertos en todo. Además, deben procurar poner esa área de conocimiento al servicio de otros, lo cual implica, necesariamente, salir de su aislamiento y dejar de alejar a los demás para conectarse con ellos. Al enfocarse, logran dejar de procrastinar asuntos que les generan ansiedad y encontrar soluciones a los temas que los inquietan, aplicando prácticamente su conocimiento.

Preguntas de identificación: ¿Qué tanto te ves, a ti misma, aislada del mundo, de otros, evitando conectar con los demás? ¿Qué tanto sientes que no puedes estar tranquila, sino que te la pasas en función de una rumiación mental permanente? ¿Qué tanto sientes que procrastinas y te distraes en muchos temas poco relevantes, mientas que evitas enfocarte y poner en práctica aquello que realmente te apasiona? ¿Qué tanta ansiedad te da reconocer que no sabes algo?

¿Qué tanto te sientes identificada de 1 a 10? Señala con una x donde corresponda:

1	2	3	4	5	6	7	8	9	10

Escribe acá (o en tu bitácora) un par de personas que veas reflejadas en el Eneatipo 5:

____

____

____

Acción para vivir mejor

Si te identificas con el *eneatipo* 5, actúa, sal un poco de tu mente, aplica eso que sabes, así el tiempo no te alcance para estudiarlo todo. Conecta con otros, siente y expresa esas emociones; la vida es solo un ratico.

El Eneatipo 6 es el comprometido o leal. Su mayor motivación es la seguridad y la estabilidad. Su mayor miedo es el opuesto: sentirse inseguro. Son personas que tienen una gran capacidad para advertir riesgos, tanto internos como de su entorno; buscan siempre tener un plan b y tener alternativas que les provean esa seguridad que buscan, pero esto puede convertirse en una obsesión. Su personalidad muchas veces los lleva a una gran dificultad para tomar decisiones, una ansiedad muy fuerte y una búsqueda de seguridad en otros, más que en sí mismos. Temen equivocarse, no por el error en sí mismo, sino por las consecuencias que pueda tener esa equivocación. Y ese miedo puede ser paralizante.

Para transitar hacia su lado de luz, deben encontrar seguridad en sí mismos; resulta muy útil desarrollar una sana espiritualidad. Solo cultivando ese centro en ellos mismos, pueden lograr la serenidad y paz que buscan, ante los fuertes niveles de ansiedad. Necesitan aprender a confiar en ellos mismos y en su capacidad de superar las situaciones difíciles de la vida, sean pequeñas o grandes, y aceptar los cambios para poder actuar y tomar decisiones con valentía y seguridad.

Preguntas de identificación: ¿Qué tanto te ves a ti misma buscando que otros tomen decisiones por ti? ¿Qué tanto te encuentras siempre viendo los peores escenarios de todo y procurando mitigar esos riesgos obsesivamente? ¿Qué tanto sientes ansiedad y miedo por el futuro o por los cambios que con él puedan venir?

¿Qué tanto te sientes identificada de 1 a 10? Señala con una x donde corresponda:

1	2	3	4	5	6	7	8	9	10

Escribe acá (o en tu bitácora) un par de personas que veas reflejadas en el Eneatipo 6:

____

____

____

Acción para vivir mejor

Si te identificas con el *eneatipo* 6, confía en la vida, en la providencia universal, en el poder superior y practica el mindfulness, estar presente te alejará de pensamientos de ansiedad.

El Eneatipo 7 es el dinámico o entusiasta. Su mayor motivación es la diversión, el placer, la satisfacción. Su mayor miedo es sufrir. Son personas divertidísimas, que tienen gran carisma y aportan gran dinamismo a donde llegan, por ser entretenidos, optimistas y llenos de energía. Sin embargo, son personas que le huyen al dolor, al aburrimiento y esto, tarde o temprano, les cobra peaje. Ya sea porque en el día a día evitan lidiar con las circunstancias que les traen estas emociones y eso ellos lo advierten y les causa tensión o porque al no enfrentar la realidad, esta termina por salirse de su control. El tema no es evadir los problemas, es evadir las emociones bajas con las que todos tenemos que conectar en algún momento de la vida. Esto, por supuesto, les genera una gran ansiedad.

Para transitar hacia su lado de luz, deben contener esa búsqueda interminable de diversión y satisfacción y conectarse con la realidad de la vida, encontrando felicidad en los pequeños detalles y conectándose consigo mismos en ese proceso. Deben buscar calma, tranquilidad y pensar en su equilibrio en el largo plazo; procurar vivir en el presente y disfrutarlo en vez de buscar más y más opciones de distracción mental.

Preguntas de identificación: ¿Qué tanto te ves a ti misma saltando de un tema a otro y con poca capacidad de comprometerte con objetivos de largo plazo? ¿Qué tanto te encuentras tratando de evitar ciertas emociones y buscando distraerte con cuanta actividad se te pase por delante? ¿Qué tanto buscas gratificación en el corto plazo, así esto afecte tus objetivos de largo plazo, es decir, cómo estás de paciencia y constancia?

¿Qué tanto te sientes identificada de 1 a 10? Señala con una x donde corresponda:

1	2	3	4	5	6	7	8	9	10

Escribe acá (o en tu bitácora) un par de personas que veas reflejadas en el Eneatipo 7:

___

___

___

Acción para vivir mejor

Si te identificas con el *eneatipo* 7, aprende a conectar contigo en pausa, en silencio, incluso si en ese proceso encuentras emociones que no quieres ver. Así vas a poder procesar lo que necesitas y liberarte de la búsqueda de distracción constante. Ten paciencia de que todo tiempo llega.

El Eneatipo 8 es el líder o justiciero. Su mayor motivación es tener poder y control y su mayor miedo, es perderlo, es sentir que lo dominan. Son personas que tienen una capacidad nata para dirigir y, es por esto, que han recibido este nombre, pero esto no quiere decir que otros eneatipos no puedan ser líderes. Son muy protectores y están orientados a la consecución de objetivos colectivos. Más que el reconocimiento, quiere tener control. Pueden liderar desde el carisma–su lado de luz, o desde el autoritarismo, en donde pueden desarrollar comportamientos agresivos y tiranos, alejándose de su gente.

Para transitar hacia su lado de luz, deben permitirse ser vulnerables, buscar desarrollar a su gente, confiar en ellos y evitar aislarse de los demás. Es importante que entiendan que la mejor forma de tener control no es persiguiendo a otros y fijándose en el más mínimo detalle, sino creyendo en la gente, pues desde allí encontrarán en otros esa incondicionalidad que viene de la gratitud y la devoción.

Preguntas de identificación: ¿Qué tanto te ves a ti misma, reaccionando reactivamente, con agresividad e impulsividad? ¿Qué tanto te das cuenta de que estás obsesionada con controlar, con que las cosas se hagan tal cual tú quieres? ¿Qué tanto sientes que debes mantenerte siempre fuerte y no puedes tener ningún momento de debilidad, so pena de que todo se salga de control?

¿Qué tanto te sientes identificada de 1 a 10? Señala con una x donde corresponda:

1	2	3	4	5	6	7	8	9	10

Escribe acá (o en tu bitácora) un par de personas que veas reflejadas en el Eneatipo 8:

____

____

____

Acción para vivir mejor

Si te identificas con el *eneatipo* 8, observa cuántas veces te afecta la culpa. Perdónate por lo que necesites, todos estamos haciendo lo mejor que podemos, también tú. Y practica ser vulnerable. Sí, es difícil, pero también liberador.

El Eneatipo 9 es el conciliador o pacificador. Su mayor motivación es la paz, el equilibrio, la armonía. Su mayor miedo es el conflicto. Son personas sumamente tranquilas, amables, flexibles, que generan ambientes de paz. Cuando entran en caminos de tensión, buscan evitar el conflicto a toda costa y empiezan a percibir conflictos en escenarios donde realmente no los hay. Esto los lleva a un letargo personal, a un estado de pereza y falta de consecución de objetivos. Al final, todos, tarde o temprano, tendremos que enfrentar situaciones incómodas y conflictos.

Para transitar hacia su lado de luz, es importante que se fije objetivos y se oriente a la acción concreta, que pase del estado de evasión al estado de acción. Esto, por supuesto, implicará un reto para la búsqueda permanente de paz del eneatipo 9, pero le generará satisfacción personal y bienestar. Además, le implicará reducir tanta flexibilidad, poner límites y ponerse primero. Al hacer esto, podrá aportarles a otros su gran capacidad de mediación y solución de conflictos.

¿Qué tanto te ves a ti misma evitando el conflicto? ¿Qué tanto sientes que siempre cedes en función de lo que otros quieren para no armar problemas? ¿Qué tanto, evitar el conflicto te ha cobrado un peaje alto respecto de tus objetivos personales?

¿Qué tanto te sientes identificada de 1 a 10? Señala con una x donde corresponda:

1	2	3	4	5	6	7	8	9	10

Escribe acá (o en tu bitácora) un par de personas que veas reflejadas en el Eneatipo 9:

____

____

____

Acción para vivir mejor:

Si te identificas con el *eneatipo* 9, aprende a expresar tus ideas, tus necesidades y pon límites ahora. Tienes mucho por dar, toma acción.

***

Estos son los 9 eneatipos. ¿Cómo te fue en este primer paso de autodescubrimiento? ¿Te has encontrado en estas líneas?

Ahora, escribe **los tres *eneatipos*** con los que te sientas más identificada. Procura ponerlos en orden jerárquico según tu puntuación. Si ves que hay dos que tienen igual puntaje, organízalos como más te suene en este momento, utiliza tu intuición. Recuerda que esta calificación responde a tu estado actual y que bien puede cambiar más adelante.

1.________________

2.________________

3.________________

Luego, con una buena agua aromática, escribe qué **comportamientos** has desplegado a lo largo de tu vida, que son coherentes con ese tipo de personalidad.

Advierte si la realidad en la que te encuentras ahora te muestra más desarrollado un *eneatipo* que otro y fíjate eso qué está diciendo de ti.

Revisa si a lo largo de tu vida has tenido comportamientos de un *eneatipo* principal o dos y compáralo con las decisiones más significativas que has tomado y qué tanto esas decisiones responden a las motivaciones de esos eneatipos o a los miedos correspondientes.

... Tiempo para escribir...

A continuación, pon esos **retos** que quieres cumplir, esas cosas que te llaman la atención y que, o ya estás persiguiendo, o están en tu mente para hacerlas realidad algún día. ¿Qué tanto responden a tu dinámica de personalidad?

... Tiempo para escribir...

Por último–al menos por ahora desde lo que respecta a este breve capítulo–a partir de los descubrimientos que has hecho escribe en tu bitácora personal una acción concreta con la que quieras comprometerte para lograr un reto particular de esos que escribiste arriba y ponte una fecha máxima para cumplirlo.

Acción concreta: ____

____

____

Fecha máxima:____

¿Has pensado en quién eres tú, realmente? Ahora sí.

¡Buen viento y buena mar!

Comunicación y liderazgo desde el Eneagrama

Adriana María Zapata

Hola de nuevo. En el capítulo anterior, sobre bitácora personal, hablamos sobre el eneagrama. Les presenté esta herramienta y les conté cómo podemos utilizarla para observarnos y para crear un primer paso en nuestra guía para la vida.

Ahora, vamos a conversar un poco sobre el liderazgo. Empecemos por definirlo.

La Real Academia Española de la Lengua, nos trae una definición que resulta útil: *"líder. (Del ingl. leader, guía). 1. com. Persona a la que un grupo sigue, reconociéndola como jefe u orientadora. (...)"*[1]

Vamos a tomar esa definición y le vamos a dar un pequeño vuelco para entenderlo como una **persona que ejerce influencia en otras**.

Quiero traerles esta definición porque muchas veces pensamos que no somos líderes porque *"no tenemos personas a cargo"*. La realidad es que existen líderes sumamente inspiradores que no tienen una sola persona que dependa laboral o económicamente de ellos.

Por supuesto, todo "jefe" entendido como una persona que tiene, a su vez, otras a cargo, siempre será líder y podrá ser un líder negativo o un líder positivo. Incluso, quien ejerce su cargo desde una posición pasiva, quiéralo o no, está siendo un líder.

Todos somos líderes en algún momento de nuestras vidas, puede ser que no busquemos activamente posiciones de liderazgo en nuestro rol

1. https://www.rae.es/drae2001/l%C3%ADder

laboral, pero siempre terminaremos impactando a otros. Por eso, este capítulo se trata de crear un primer paso de conciencia sobre ese rol que tenemos para poder ser elementos de construcción y no de destrucción, tanto para la vida de otros como para nuestra propia vida.

Como lo he anunciado en el título de este capítulo, retomaremos el eneagrama. Vamos a hablar de los siguientes tres aspectos, tomando el eneagrama como herramienta de conciencia:

1. La autogestión del líder

Quiero traerles este tema porque encuentro que es la base, la piedra fundamental sobre la que se construye el buen liderazgo. Nadie puede dar de aquello que no tiene.

Y, para tener contexto, vamos a hacer un ejercicio:

Piensa en un líder que admires; cualquiera puede ser un político, un pensador, puede ser un personaje de una película, un familiar, un conocido, alguien significativo en tu vida o un completo extraño. Solo tendrás una limitación: no pienses en aquella figura que, para ti, tiene un significado divino desde lo espiritual, como Jesús, Mahoma, Buda o un Maestro Perfecto. Vamos a pensar en alguien que, como tú o como yo, tenga una naturaleza humana.

Toma tu cuaderno (el que empezaste cuando construiste tu bitácora personal), escribe el nombre de ese líder que admiras y responde esta pregunta: ¿Qué cualidades tiene que hacen que admire a esa persona? Escríbelas todas, procura no continuar leyendo hasta que hayas escrito esas cualidades.

... Tiempo para escribir...

Observa esas cualidades, esas características. Te garantizo que ninguna de ellas describe a una persona insegura, violenta, reactiva, humilladora, fustigante, irascible, perezosa, incompetente, desorganizada, indiferente, cruel, miedosa, entre otras.

Antes de seguir, quiero felicitarte. Uno solo puede ver en otros lo que tiene dentro de sí mismo, así que, muy probablemente, esas cualidades que viste están dentro de ti.

Volviendo a nuestro tren de ideas, quiero preguntarte: ¿Crees que ese líder que admiras nació con todas esas cualidades? ¿Crees que no tiene que enfrentar momentos difíciles, reactivos, en los que vive desde el miedo? Obviamente, no es así. Como ser humano, seguramente ha pasado por lo que muchos llaman, "*la noche oscura del alma*"; seguramente ha pasado por momentos difíciles y, muy probablemente, conoce su "*lado oscuro*".

La diferencia es que esos líderes inspiradores trabajan en lo que a mí me gusta denominar **Autogestión.** Para mí, la autogestión, es la capacidad que yo tengo para entender qué sucede conmigo y utilizar los recursos que tengo para manejar mi propia emocionalidad.

Para poder entenderme, primero tengo que hacer un intenso trabajo de autoconocimiento y es allí donde el eneagrama vuelve con fuerza a darnos una mano.

Cuando identificamos nuestros miedos fundamentales y empezamos a advertir cómo, durante nuestra vida, hemos respondido y continuamos respondiendo a estos miedos, podemos encontrar esas tendencias reactivas que tenemos y de dónde vienen.

Un líder siempre debe trabajar primero que todo en su Autogestión. Vamos a verlo con otro ejemplo, el contrario: toma tu cuaderno y describe a un líder que consideres como negativo. Nuevamente, puede ser una persona que conoces, un personaje de ficción, un político.

Escribe, ahora, qué cualidades tiene ese líder negativo que hacen que sientas rechazo. Aprovecha este ejercicio como alarma de conciencia, para nunca repetir esas cosas que a ti no te gustan.

Por último, te voy a pedir que hagas un ejercicio de empatía: que pienses por qué será que esa persona actúa así. Este es un ejercicio de imaginación porque, salvo que sea alguien cuya vida conozcas, es muy probable que no entiendas el origen de su comportamiento. Usualmente, las personas actúan de una forma que no nos gusta por miedos, traumas del pasado o necesidades imperiosas del presente; básicamente, no saben cómo actuar mejor. Todos los seres humanos hacemos lo mejor que podemos con las herramientas y la conciencia que tenemos. Hoy en día las películas han empezado a mostrar "de dónde vienen los villanos", es una fantástica oportunidad de aprendizaje.

¿Entiendes, ahora, que ese líder negativo no ha podido trabajar en su Autogestión? Y digo "no ha podido", porque reaccionar desde el miedo siempre causa sufrimiento. Cuando no hemos podido trabajar en nosotros mismos, simplemente no tenemos las herramientas para ser líderes inspiradores, positivos, que construyen y crean buenos cambios en el mundo.

Acción retadora: Identifica qué aspectos de tu personalidad necesitas trabajar para ser un mejor líder. Ten presente que siempre somos obras en proceso y ten paciencia, ¡identificar oportunidades de mejora ya es un gran avance! Procura conectar esta idea con tus notas sobre tu dinámica de eneagrama para que puedas, desde allí, tener herramientas de crecimiento.

2. Herramientas de comunicación y motivación

Un buen líder necesita conectar con la gente que inspira, necesita poder tener una buena comunicación con ellos. Por otro lado, su impacto será más o menos importante dependiendo de qué tanto logra motivar a su gente.

Vamos a analizar, entonces, cada uno de estos puntos, en ese orden, porque si no puedo comunicarme con otro, mucho menos voy a poder motivarlo.

La herramienta clave para la comunicación implica estar en una misma frecuencia. Vamos a poner ejemplos: ¿Cómo voy a escuchar una estación de radio, si no sintonizo la frecuencia que utiliza para transmitir?

Imposible. Ahora, por el otro lado, si soy un cantante de rock, ¿será que buscaré transmitir mi música en una emisora en la que solo ponen vallenatos? Ni los dueños de la emisora ni la audiencia estarán dispuestos a escuchar mi mensaje.

Pero ahora, el ejemplo que más me gusta: Si voy a comunicarme con un niño de 3 años, ¿le hablo igual que a una persona de 55? Salta a la vista que no es así.

Es fácil cuando lo miramos desde la perspectiva intelectual, académica, pero exactamente lo mismo pasa cuando procuro comunicarme con otros sin conocerlos, sin entender quiénes son, cuáles son sus prioridades, sus intereses, sus motivaciones. Simplemente, tenemos que sintonizar y, para sintonizar, tenemos que conocernos.

La comunicación de un líder se potencia muchísimo cuando conoce a esas personas que lidera. Volvamos al eneagrama que siempre nos da tantas luces: ¿Si yo soy líder de un equipo de trabajo, será que me comunicaré de igual forma con una persona cuya mayor motivación es hacer las cosas de forma perfecta y su mayor miedo es equivocarse, que con una persona cuya mayor motivación es ayudar a otros y su mayor miedo es el rechazo? Podría hacerlo, pero ¿qué tanto generaré impacto como líder? Tal vez no tanto.

Cuando el líder se preocupa por conocer a su gente, sus circunstancias de vida, su historia, sus motivaciones y, para los que usamos el eneagrama, su dinámica de personalidad, puede lograr ponerse en la misma *sintonía* que la persona a la que lidera y, con eso, puede tener una comunicación mucho más clara, completa y asertiva.

Conectemos, entonces, esta idea con el rol que tiene un líder de motivar a su gente. ¿Será que si yo conozco genuinamente al otro, como antes lo hemos descrito, podré encontrar cuáles son esas cosas que realmente lo mueven? ¡Por supuesto! El líder sabrá qué es eso que, específicamente, estimula a cada uno de los miembros de su equipo, de su familia o de su comunidad, según corresponda, y con esto, tendrá mayor capacidad de motivar a su gente y de generar impacto.

Acción retadora: Escoge tres personas frente a las cuales tú ejerzas el rol de líder. Puede ser en tu trabajo, en tu grupo de amigos, en tu comunidad, en tu familia. Ahora, escribe brevemente frente a cada nombre esas prioridades que cada uno tiene según su experiencia de vida y, finalmente, anímate a adivinar cuáles son sus motivaciones fundamentales para ver si puedes verlo reflejado en algunos *eneatipos*. Te advierto que esto es mucho más difícil de lo que parece, porque lo importante para el eneagrama no son los comportamientos, sino la motivación detrás de esos comportamientos. Por ejemplo: puedo estar siempre pendiente de cerrar la puerta con llave porque, "es lo correcto", porque "me da seguridad" o, por ejemplo, porque "tengo que cuidar a mi gente".

Si quieres dar un paso extra, proponte tomarte un agua aromática con esas personas y haz la tarea de conocerlas más allá de la razón por la cual comparten espacios de sus vidas. Anota la información que encontraste.

Hecho esto, ¿tienes una mejor idea de cómo comunicarte con esa persona y de cómo motivarla para que logre sus objetivos y los objetivos comunes? ¿Qué te muestra esto de ti como líder? Anota tus respuestas en tu cuaderno personal.

3. Mentoría: el desarrollo de mi gente y de mi equipo

Por último, hablemos un poco sobre el rol de mentor de un líder. Hay muchos temas más que se pueden trabajar desde el liderazgo, pero, limitados como estamos en espacio, encuentro que este mensaje es vital para todos los líderes:

Ser líder es un honor, pero también, es una gran responsabilidad

Claro, trae consigo prebendas y ventajas, pero si lo vemos desde el impacto que siempre estamos dejando en las vidas de otros, nos damos cuenta de que lo más relevante es entender que un líder inspirador, es un líder que está **AL SERVICIO** de su gente.

Cuando un líder sirve e invierte en su gente, su gente invierte en su líder y le sirve.

Como en los casos anteriores, vamos a hacer un pequeño ejercicio: Te invito a que tomes tu cuaderno personal y que escribas el nombre de una persona que haya tenido un impacto en tu vida, que te haya ayudado a ser mejor de alguna manera: porque te ayudó a desarrollarte profesionalmente, espiritualmente, emocionalmente, en fin, piensa en ese acompañamiento que tuvo impacto para ti. Puede ser tu mamá o tu papá, un familiar, un jefe, un amigo, un conocido. Piensa en ese desarrollo significativo para ti y en lo que todo eso te trajo.

Ahora, te invito a que escribas tres cosas:

1. ¿Cómo ese desarrollo significativo hace que tu vida sea mejor?
2. ¿Cómo ese desarrollo significativo ha impactado a otros? Amplía tu perspectiva, observa no solo tu círculo inmediato como tu familia, sino que piensa en la gente que tú impactas, tanto porque tú eres su líder, como porque has podido crear un cambio en las vidas de otros por cuenta de esa mejora de tu propio ser.
3. Si esa persona que te ayudó con ese desarrollo significativo necesitara de ti, ¿cómo reaccionarías?

Impresionante, ¿no? Es como el impacto de sembrar un árbol y cuidarlo. Probablemente, allí llegarán pájaros que podrán comer de él, vivir en él y, gracias a eso, lentamente construir un bosque.

¿Ves qué tan importante es que tú, como líder, desarrolles a tu gente? Por supuesto, para la consecución de objetivos inmediatos, es como subir al equipo en un trampolín, los empujas rápidamente a que logren lo que se proponen en el corto plazo, pero más allá, el impacto en ellos a largo plazo, en su familia, en la sociedad en que vivimos, en la comunidad y en el mundo, es realmente significativo.

Ahora, hagamos un contraste, ¿qué pasa cuando un líder no trabaja en la mentoría, en el desarrollo de su gente? ¿Qué tanto pueden avanzar los objetivos de esa persona y los objetivos colectivos? Y peor que eso, ¿cuál es el impacto que se deja de crear en la sociedad? ¿Cómo es tener equipos de personas frustradas y deprimidas?

Un buen líder debe entender que su responsabilidad, más que mandar, es desarrollar a otros. Pasar de darle órdenes a inspirarlo, delegarle objetivos y ayudarlo a crecer en eso que lo llevará a su mejor versión. No olvides que ya tienes el eneagrama como una referencia que te puede dar luces sobre el camino de desarrollo de cada tipo de personalidad. A pesar de que hemos hecho una referencia muy breve frente a todo lo que podemos hacer desde el eneagrama, sin duda será una guía para ser un gran mentor.

Acción retadora: Toma esas mismas tres personas que seleccionaste en el numeral anterior y piensa cómo puedes aportar a su desarrollo personal y profesional, anota tus conclusiones y procura llevar a cabo las que más puedas. Te garantizo que esto, por sí mismo, te traerá la felicidad que a todos los seres humanos nos genera el servir a otros.

Concluyo este capítulo con esta frase: No olvidemos que todo lo que sembramos, tarde o temprano, nos dará frutos. Tengamos conciencia de qué es lo que estamos sembrando.

No tengo tiempo. Aprender a gestionar las prioridades

Cristina Jaramillo Román

Introducción

El derecho es una profesión apasionante y muy valorada por nuestra sociedad, por eso el creciente número de abogados y estudiantes de derecho. Lo que aprendemos en la universidad y lo que vemos en las noticias, libros o televisión nos enseña una pequeña parte de lo que significa ser abogada. Lo que a veces no reconocemos de nuestra profesión, es la exposición a altos niveles de estrés ocasionados por varias preocupaciones externas como son los problemas y la exigencia de nuestros clientes; la burocracia, lentitud y en ocasiones corrupción del sistema; la presión por ascender, figurar y facturar entre otras. Si bien cada una de estas premisas puede enfrentarse de diversas maneras, hay un tema transversal que nos puede ayudar a gestionar el estrés de no alcanzar, de no hacer lo suficiente y de tener nuestra cabeza siempre llena de pendientes.

Estoy segura de que muchas la sentimos, así como la usamos, la preocupación resumida en el "no tengo tiempo". En estas líneas pretendo analizarla con el fin de comprenderla, ver qué esconde y de qué maneras podemos gestionarla.

Mi historia con el NO TENGO TIEMPO

Creo que el "No tengo tiempo" inició en la universidad, pero esa sensación se hizo más presente con el nacimiento de mi primera hija. Al regresar a trabajar después de las doce semanas de maternidad, los días eran interminables y a la vez demasiado cortos. Luchaba por demostrarle a mi oficina, familia, amigos y sobre todo a mí misma que podía hacerlo todo. Trabajaba seis horas seguidas sentada frente al computador sin levantarme para nada. No saludaba ni socializaba con nadie, todo para salir lo más temprano a casa a ejercer mi nuevo rol como madre, el cual era bastante más difícil que el ser abogada en esos momentos. Antes de que se termine mi período de lactancia, esas seis horas se convirtieron en nueve. Nueve horas de abogada y el resto de horas eran para ser mamá. No había espacio en mi agenda para "perder" en detalles innecesarios de la vida, como almorzar. A veces comía un sándwich frente al computador para ponerme al día con los mails, en esa hora nadie te interrumpe. ¿Amigas, hermanas? No había mucho tiempo para eso, aprovechaba el camino a casa para llamar desde el carro a alguna amiga, o familiar, más para mantener el contacto que para conectarme. ¿Ejercicio? Mi mente hacía pesas mentales todos los días mientras respondía mails, atendía a mi equipo y miraba de vez en cuando alguna foto de mi bebé que me mandaba la niñera. Sentía que no tenía tiempo, pero como estaba tan desconectada de mí, si encontraba más horas en el día, las utilizaba para hacer más de lo mismo, no me daba cuenta de las prioridades que estaba descuidando.

Desde mi pensamiento racional pensaba que lo estaba logrando: maternidad y profesión estaban en mi vida con mucha productividad y además estaba segura de que esa era la única manera de hacerlo. Desde mi emoción y desde mi cuerpo, la historia era muy diferente, estaba claro que no era solo el tiempo lo que me estaba incomodando. Empezaba a sentir los efectos secundarios de una vida desconectada de la emoción y enfocada exclusivamente en la productividad. Si estuviera hablando de un carro, el motor ya estaba fundido por falta de agua y se estaba acabando la gasolina.

Después de mucho autoanálisis y coaching, entendí que no me faltaba tiempo, me faltaba escucharme a mí y a mis necesidades relacionadas con mi bienestar. Ahora comprendo que los meses que invertí en trabajar sin parar, lejos de ser una inversión, tuvieron altos costos en las relaciones con mis clientes internos y equipo de trabajo, sin mencionar en mi salud por la falta de actividad física y mala alimentación. Todo esto me estaba afectando en mi desempeño profesional y ese estrés y conflicto también afectaba en mi hogar.

¿Cuál fue la solución que encontré al dilema trabajo-maternidad? No importa esa respuesta, porque esa tiene muchas variantes y no es la misma para todas las mujeres. Lo único que importa es que la mejor manera de encontrar una solución es identificando el verdadero problema. El tiempo nunca es el culpable. El tiempo es el escondite de emociones que no queremos ver ni sentir. Las emociones me conectan con lo que verdaderamente me importa, que muchas veces es mi salud, mi bienestar, mi familia o esa parte de mi profesión que me hace sentir viva, ya sea litigar, investigar hasta el cansancio o resolverle los problemas a los demás.

No pretendo decir que ahora lo tengo todo claro y que mi gestión del tiempo es impecable. Pero sí les puedo decir que tengo mucha conciencia sobre lo que quiero, sobre lo que no quiero, y sobre lo que es importante para mí cuidar.

El tiempo y las emociones

Quiero que por un momento pensemos en la vida hace miles de años. Los orígenes de nuestra especie, cuando no teníamos propiedades, profesiones, comodidades. El conocimiento y el uso de la razón era algo que se aprendía a través de las experiencias de la vida y relatos de las personas que estaban cerca.

Las emociones en esa época cumplían su principal función: la supervivencia de la especie. Nos ayudaban a reaccionar frente a los eventos externos que estimulaban nuestros sentidos. Ante la llegada de un depredador sentíamos miedo para huir o escondernos. Si nos encontrábamos con algo dañado o putrefacto, sentíamos asco, y así evitábamos morir de envenenamiento. Si otro ser humano invadía nuestro territorio o a nuestros seres queridos, sentíamos ira que nos permitía defendernos o atacar. Las emociones eran las que guiaban nuestra actuación. Más allá de los juicios que podamos tener sobre esto, las emociones eran nuestra brújula interior.

En muchas ocasiones hoy hemos cambiado esa brújula interna por un celular inteligente que nos diga, cuándo pararnos, cuándo y cuánto comer, qué reuniones tengo después, qué citas debo recordar... y mucho más. No me malentiendan, amo mi celular inteligente y todo lo que me puede dar. Pero sí, presiento que nos desconecta de mi brújula interior y que a veces puedo estar actuando en incoherencia con lo que quiero hacer y ser y que ahí puede estar el desfase en la sensación de no tener tiempo, porque lo estoy dedicando a mi agenda exterior y desconociendo mi yo interior.

Ese yo interior que es mi emoción, concepto del que nos hemos alejado, y que muchas veces es catalogado como debilidad y que el derecho tiene muy poca cabida, a nivel personal y profesional, por una cultura excesivamente racional, con una escondida emocionalidad.

La parte más dura de vivir con el "No tengo tiempo", llegará al final de nuestra vida, cuando regresamos a ver en lo que sí ocupamos nuestros días y nuestra energía. Solo en ese punto y si tenemos la oportunidad de reconocerlo, podremos decir, ya no me queda más tiempo... Y ojalá podamos decir y sentir, que el tiempo que tuvimos lo vivimos de acuerdo con nuestra brújula interna y que ocupamos nuestro tiempo asumiendo nuestras responsabilidades con nosotros mismos, con quienes más queremos y con nuestra profesión.

A veces sí puede ser —y si es tu caso, puedes parar en este párrafo— un tema exclusivamente de organización, no tengo idea cómo llevar a cabo mis actividades de una manera ordenada, y en ese caso un buen app o calendario pueden ser la solución. Pero para algunas profesionales, me incluyo, la mejor agenda virtual, no logró hacerme "sentir con tiempo".

No importan si estás de acuerdo o no, pero mientras leas estás líneas, date la oportunidad de preguntarte a ti misma ¿qué es lo que está pasando con el tiempo, con tu tiempo, con las actividades que tienes en tu día, con los momentos en los que te dedicas a ti, a tus seres queridos, con la presencia que les otorgas a tus servicios a tus clientes? Cualquier incomodidad que sientas con el manejo del tiempo, ¿es realmente culpa del número de horas en el día?

La mentira atrás del "NO TENER TIEMPO"

"No tengo tiempo" puede ser una de las mayores mentiras que nos contamos a nosotros mismos y a nuestros jefes, compañeros, familiares y amigos. Si bien, no es una excusa exclusiva del abogado, está muy presente en nuestras apretadas agendas. Pero, ¿por qué es una mentira? A continuación presento algunas pruebas que liberan de culpa al tiempo.

Es una mentira porque el paradigma del no tenemos tiempo se desvanece cuando una crisis se intercepta en nuestro día. Podemos tener la agenda más apretada, pero si nos llaman de la escuela de nuestros hijos porque uno se cayó, o si nos olvidamos el celular en la casa, o si se nos baja una llanta del vehículo, mágicamente se abrirá un espacio para llevar a cabo actividades emergentes.

Por otro lado, el tiempo no se puede "tener" no es objeto de apropiación y, si bien es relativo, también está presente de igual manera para todos. Lo que en realidad está ocurriendo es que asumimos más obligaciones de las que alcanzamos a realizar en el día y muchas veces las prioridades identificadas por nuestras emociones se quedan sin atención. Decir ¡no tengo tiempo!, es como querer cargar 10 pelotas de básquet y, en lugar de decidir abrazar solo 3, sigo intentando cargar las 10 mientras pienso y declaro que me faltan brazos.

Sin embargo, desde el lenguaje hemos percibido al tiempo como un objeto susceptible de apropiación y de multiplicación, de ahí el "no tengo tiempo". Si esta frase es físicamente imposible porque el tiempo no es una cosa que podemos adquirir, ¿qué es en realidad lo que nos falta?

El verdadero problema con el ¡no tengo tiempo!, tiene que ver con la gestión de mis prioridades, y para gestionar mis prioridades tengo que conectarme con mis emociones, solo así encontraré qué es lo que más importa y desde ahí poder organizar mis prioridades obviamente en conjunto con mis responsabilidades. Como decía Goethe, “Las cosas que importan más nunca deben estar a la merced de las cosas que importan menos”.

Pensar que la sensación de no tengo tiempo tiene que ver con el tiempo y no conmigo puede ser una manera de culpar a los demás por quitarme el tiempo, a mi jefe, a mi casa, a mis responsabilidades. Y desde el lenguaje declaramos que la culpa es del tiempo y con esa declaración nos quitamos la oportunidad de asumir nuestra responsabilidad de nuestras decisiones y cambiar lo que sí podemos cambiar en nuestras vidas.

En este sentido, el autoconocimiento y autogestión de nuestras emociones nos ayudan a reencontrarnos con lo que queremos cuidar para disfrutar del tiempo en el trabajo y en la vida personal.

No tengo tiempo a veces esconde un "NO QUIERO"

Las emociones son claves en la toma de decisiones. Muchas decisiones en nuestra vida se toman con base en una emoción, pero se justifican con base en la razón. En este sentido, la organización de nuestra agenda y actividades nos permite revisar a lo que estamos diciendo sí y ocultamos a lo que le estamos diciendo no.

A veces nos desconectamos de estas emociones que nos llevan a tomar decisiones y pensamos que solo estamos decidiendo con base en nuestros argumentos o razones. Cuando no sabemos por qué hacemos lo que hacemos, generamos justificaciones racionales, muchas veces esto es más fácil que conectarnos con la emoción.

Piensen en alguna visita pendiente que tienen en su agenda, ya sea al médico, a un pariente, a una amiga, lo que sea. Si nos llaman la atención sobre por qué no hemos agendado la cita o hecho la visita, lo primero que nos viene a la cabeza es una serie de justificaciones: “no tengo tiempo”, “estoy a full”, “estoy sin carro”... Pero muchas veces, no digo siempre, la verdadera razón es mucho más simple y se resume en un NO quiero hacerlo. Y no quiero hacerlo, porque me da pereza, porque tengo miedo, porque me encanta trabajar y prefiero quedarme en la oficina... No voy a juzgar la decisión de procrastinar esa visita, lo que quiero que pensemos es que, cuando culpamos al tiempo, reforzamos en nosotros mismos ese estrés de no tener control sobre nuestra agenda, nuestras actividades, nuestra vida.

La adecuada gestión del tiempo no se resuelve a través de incluir todas las citas, visitas y actividades en una agenda con alarmas. La gestión del tiempo es en realidad parte de la autogestión emocional porque debemos identificar cuáles son nuestras prioridades, incluyendo siempre nuestro propio bienestar, y actuar en concordancia y coherencia con estas prioridades. Si queremos encontrar la manera de manejar mejor nuestra agenda, el "no tengo tiempo" no puede ser una excusa. No significa que seamos groseros con otras personas, pero sí que seamos honestos con los demás y sobre todo con nosotros mismos cuando hay algo que queremos hacer.

Gestión del tiempo = gestión de prioridades

De acuerdo con lo indicado anteriormente, las emociones son nuestra brújula interior. De alguna manera y por diferentes razones, nos vamos desconectando de esa brújula y seguimos las directrices del mundo exterior. Cuando lo que hacemos afuera está en desconexión con lo que sentimos adentro, se produce el estrés, el dolor.

No tener tiempo es una manera inconsciente de echarle la culpa a la cantidad de horas en el día, mientras eliminamos la posibilidad de tomar nuestra responsabilidad en nuestras elecciones.

Si queremos enfrentar esta sensación de estrés de no tener tiempo de una manera diferente, podemos ver la gestión del tiempo como la gestión de las prioridades. No estoy hablando de dividir las horas del día en trabajo y vida personal, porque la verdad es que son lo mismo. Para nuestro cuerpo, cerebro y emoción todo es vida. Encontrar el balance entre el autocuidado, la productividad de nuestra profesión y el tiempo con nuestros hobbies y seres queridos será diferente para cada uno. Lo importante y lo recomendable es encontrar el espacio para todo.

¿Qué es una prioridad? De manera general, es eso lo que siento que es importante para mí y que, por lo tanto, quiero cuidar y mantener. Pensemos en mi salud física, mi familia, mi tiempo de lectura... Las prioridades son muy personales y cada una puede tener diferentes prioridades. Pero para saber cuáles son mis prioridades, tengo que conocer y reconocer mis emociones.

¿Cómo se puede relacionar la sensación del ¡no tengo tiempo!, con la emoción? Hay muchas emociones que pueden estar presentes, camuflándose con el tic toc del reloj. La culpa de estar trabajando en la computadora, mientras mis hijas están viendo la televisión en el cuarto de al lado. El miedo de perder amigos o la consideración de mis compañeros de trabajo si les digo que NO a determinada reunión o tarea que quieren delegarme. La alegría reprimida porque no hay tiempo de disfrutar de pequeños momentos de satisfacción con tantas cosas que hacer que sigo repasando en mi cabeza, incluso en mis momentos de descanso. La vergüenza de no ser la mejor versión de mí en cada uno de los roles que me he impuesto en esta casa y sociedad. La tristeza de no encontrar el momento para hablar con mis seres queridos. La vergüenza o culpa de tomarme 30 minutos para ver algo sin sentido en la TV o en las redes sociales en lugar de estar trabajando o haciendo algo productivo. El ego que secretamente se alimenta de la sensación de tener muchas que hacer porque cree que eso me hace "importante".

A continuación, quiero hablar de la emoción que más se relaciona con el tiempo, la tristeza.

La tristeza para encontrar mis prioridades

La gestión del tiempo no es la gestión del calendario, es la gestión de mis prioridades, por lo tanto, de mi tristeza. La tristeza es la emoción que me conecta con lo que más me importa y lo que quiero cuidar.

Por algo se dice: "nadie sabe lo que tiene hasta que lo pierde".

Cuántas veces descuidamos nuestra familia, nuestra salud física, nuestra salud mental, por no ser capaces de conectarnos con nuestra tristeza, con lo que es importante para nosotros y lo que queremos cuidar.

No digo que suframos por adelantado todo el día. Pero para darnos cuenta de qué es lo que más queremos cuidar, debemos imaginarnos su pérdida. ¡Qué fácil!, es trabajar todo el fin de semana y decir que mis hijas son lo más importante, sin dedicarles tiempo presente y consciente. ¡Qué fácil!, es decir en esta época de COVID y pandemia que la salud es lo más preciado, y, sin embargo, no hacemos ejercicio ni comemos saludable. Cuando me dejo conectar con la tristeza, puedo reconocer en esa mensajera lo que quiero cuidar y hacer los ajustes de mi agenda para cuidar mi salud, mi familia y lo que me da más tristeza perder.

Enemigos de la gestión del tiempo

Si queremos hacernos responsables de nuestro tiempo y traer con conciencia las actividades con las que queremos llenar nuestro día y nuestra vida, es importante que estemos atentas a los enemigos de la gestión del tiempo. Alarmas, emociones y actitudes que, en desequilibrio e inconsciencia, pueden acrecentar la sensación de no tener tiempo y, sobre todo, alejarnos del aprovechar y sentir el tiempo que sí tenemos.

1) La Culpa

La culpa es la emoción que se despierta cuando no soy fiel a mis propios estándares y valores. En equilibrio, es una emoción supervaliosa que me ayuda a cuidar mis relaciones, me ayuda a pedir perdón cuando me equivoco y a rectificar mi camino si es necesario.

El problema es que a veces mis estándares son de superheroína y no de ser humano.

Otro problema es que a veces parece que la culpa es como un botón que no se despega, se queda atorado y la culpa se convierte en esa mochila que cargamos a todas partes, no hay forma de ganar. Tengo culpa de estar en la oficina y no estar con mi familia, y en la casa tengo culpa de no estar trabajando, y así con cada actividad que realizamos.

Cuando la culpa está en desequilibrio, no podremos tomar las decisiones adecuadas sobre lo que queremos cuidar, porque parecería que todo es igual de importante y que hagamos lo que hagamos, siempre nos estaremos fallando.

De ahí la importancia de gestionar bien esta emoción para poder utilizar la culpa como una lupa y no como una mochila. Una lupa que me permita darme cuenta en qué momento efectivamente estoy descuidando algo más importante y que al mismo tiempo desaparezca para poder disfrutar con presencia de mi trabajo, de mi familia, de mi ejercicio de cualquier cosa que quiera hacer, pero sin esa presencia que puede estar opacando mi experiencia.

2) La vergüenza

Por otro lado, tenemos la emoción de la vergüenza. Al igual que todas las emociones, no es ni positiva ni negativa, es neutra, pero si está en desequilibrio y no la reconozco, puede estar afectándome en algunas esferas, entre ellas en mi gestión del tiempo.

La vergüenza me dice que estoy fallando en las normas impuestas por mi comunidad. Podrían ser las leyes de mi país, las normas de mi empresa, y muchas veces son los paradigmas no escritos de mi comunidad sobre lo que debo y no debo hacer.

El problema es que algunos de esos paradigmas no escritos no son verdaderos, ni aplicables a todo el mundo, y sobre todo pueden estar en contradicción con lo que realmente quiero. ¿Qué tanto puedo distinguir lo que espera la sociedad de mí versus lo que yo realmente quiero?

La vergüenza en equilibrio me va a servir para seguir aquellas normas sociales que me evitan hacer "el papelón" o faltar a las "buenas costumbres". Pero cuando la vergüenza se relaciona con no alcanzar estándares de perfección, premios, ascensos y situaciones económicas que tienen los demás, eso me puede estar jugando en contra.

La excesiva comparación, solo con los aciertos de los demás, no es real y puede ser muy perjudicial, porque todos los abogados, todos los seres humanos, tenemos nuestros propios y obstáculos más allá de los que exhibimos en las redes o en las reuniones sociales.

Un punto importante por mencionar, y sobre todo para las mujeres abogadas, es el reflexionar y conectarnos con nuestra propia idea de éxito, más allá de lo que los ruidos de la sociedad nos están llevando a escuchar. Es muy válido querer ser socia de una firma, al igual que válido que puede ser parar por un momento y dedicarnos a nuestro hogar si queremos y podemos.

Si le estamos dedicando nuestro tiempo a perseguir un sueño que no es el nuestro, ya sea en la casa, en el hogar, en la academia… obviamente vamos a sentir que no tenemos tiempo.

Las mujeres abogadas sí podemos hacerlo todo, pero que sea porque esta es nuestra elección, no una obligación. No hay nada de qué avergonzarse, si no estamos cumpliendo estándares externos con los cuales ya no queremos cumplir.

3) El ego

Una de las razones para no tener tiempo puede ser nuestro ego, por eso trabajamos y nos conectamos al correo o al chat de la oficina hasta altas horas de la noche o desde muy temprano en la mañana, porque queremos que todos piensen que estamos trabajando duro y más que los demás.

El ego, esta máscara que nos protege después de separarnos de nuestra madre, puede buscar reconocimiento a través del hacer. Mientras más ocupada estoy, soy más importante frente a mi familia, frente a mis amigos, frente a mis colegas y, por supuesto, mis jefes.

Sé que esto puede ser difícil de identificar y puede no ser el caso de todas, pero lo digo porque me pasó a mí. El sentirme repleta de actividades y decir a mis padres que tengo que trabajar el fin de semana, me hacía pensar que ellos pensarían que soy grande, importante, imprescindible en mi trabajo.

Espero que este enemigo no te visite, porque es de los más difíciles de identificar y luego de cambiar.

4) El multitasking

Hubo una época en la que ponía en mi CV que tenía la capacidad de hacer multitasking. No solo que no sabía que es físicamente imposible, sino que pensaba que era una virtud, algo de que estar orgullosa.

Tal vez en la superficie podemos pensar que es algo bueno, y si es verdad que las mujeres podemos tener esta capacidad de tener más actividades en nuestra mesa que otros géneros.

Sin embargo, este concepto que nació de las computadoras, ahora se sabe que lo que hace es que nuestro cerebro salte de una actividad a otra con mucha rapidez y sin la capacidad de profundizar en cada actividad.

Los perjuicios de esta actividad son muchísimos, entre los que está la baja de la productividad. El peor de los efectos es lo que hace con nuestro cerebro, nos aleja de lo importante, no solo en el trabajo, sino en la vida...

El multitasking nos aleja de la conciencia del momento presente, y después de hacerlo, si bien puedes tachar de la agenda algunos pendientes, la sensación que te deja es que el tiempo voló entre tus manos y no viste pasar.

Cuando no estamos con presencia en una actividad, no la vivimos con totalidad, y por ende tendremos esa sensación durante y después de "no tener tiempo".

5) Actividades de escape

Cuando hablo de actividades de escape, no estoy hablando del descanso o de dormir, ojo que eso es básico para todos los seres humanos y a veces los abogados nos olvidamos de eso.

Hablo de esas actividades que realizamos para escapar de nuestra vida, de nuestra realidad, del trabajo, de la familia, de lo que sea, eso que hacemos para procrastinar, para no decidir, para no pensar, para no sentir...

No es fácil dejar de escapar, y creo que siempre necesitaremos un pequeño espacio para hacerlo.

Pero si esto es parte de nuestra rutina, ver el celular por horas, la tele, tomar un trago todos los días... puede ser una de las razones por las que sentimos no tener tiempo.

El primer paso es ser consciente de que estamos tratando de escapar, que tal vez consigamos un pequeño alivio temporal, pero esa emoción o problema o pendiente que tenemos que hacer seguirá esperándonos tal vez con mayor incomodidad cuando termine el escape.

Covey decía: "El reto no es gestionar el tiempo, sino gestionarnos a nosotros mismos".

Aliados de la gestión del tiempo

Así como tenemos enemigos de la gestión del tiempo, también teneos aliados, que nos pueden apoyar si queremos dejar de culpar al tiempo por no ser más largo.

1) Conectarme con lo que quiero hacer

La verdadera gestión del tiempo, la que nos ayuda a sentir que lo hemos logrado, más allá de los checks que podamos darle a la lista de pendientes, es cuando "lo que quiero hacer" y "lo que tengo que hacer" son lo mismo, o casi lo mismo. Siempre tendremos actividades que no nos encantan realizar, pero mientras estemos utilizando gran parte de nuestro tiempo también para lo que amamos, la sensación será diferente.

La energía o vitalidad con la que enfrentamos las actividades de nuestra vida está directamente relacionada con la pasión que sentimos por esa actividad. A veces el sentir que tenemos baja energía está más relacionado con las actividades que tenemos que hacer, que con nuestro cuerpo. Recordemos que la emoción es lo que me mueve a la acción, desde ahí, la pasión, la curiosidad, el gozo, son emociones que me inyectarán de energía para realizar eso que realmente me gusta hacer. Esa pasión me ayudará a realizarlo de mejor manera que si me "toca hacer" determinadas actividades. Si conocemos nuestras emociones, las podremos seguir de una mejor manera.

La pasión, curiosidad, entusiasmo por mi profesión o las actividades de mi día es el motor que me ayudará a encontrar mi energía y aprovecharla. Si nos encontramos y hacemos consciente eso que siento por cada actividad, podré disfrutarla y así disfrutar más de mi tiempo.

Y si eres mujer abogada, seguramente escogiste esa profesión y tu línea de trabajo, porque lo querías, porque te llamaba, porque te convoca. El solo hecho de decir "quiero ir a trabajar" nos conecta con el propósito que buscamos en nuestra profesión, nos recuerda que eso escogimos y que es lo que soñábamos hacer cuando éramos más jóvenes.

Si definitivamente no es tu caso y no te gusta lo que haces o dónde lo haces o cómo lo haces... Ahí el problema será mucho más profundo que el tiempo, y puede que decir "quiero ir a trabajar" no sea el aliado que necesitas.

2) Distinguir lo urgente de lo importante

Como abogadas y abogados, a veces parecemos bomberos apagando incendios. Y sí es verdad, muchas veces ese es nuestro trabajo. Y cuando alguien te pregunta, pero porque no comes mejor, o porque no haces más ejercicio o por qué no delegas más, siempre encontramos mil excusas esbozadas desde nuestra razón (obvio somos abogadas expertas en justificarnos) para explicar por qué eso no alcanzaste a hacerlo y porque tampoco será una opción para el futuro. Nunca podré hacer ejercicio, comer sano, entrenar mejor a mi equipo para delegar más, etc.

Es más "fácil" atender a lo inmediato, es más popular, tiene más adrenalina y a veces me daba material para quejarme al final del día.

Pero cuando aprendí a distinguir lo urgente de lo importante, me di cuenta de que era mi decisión seguir buscando excusas (cada vez mejores) para no entender mi salud física, mental y emocional, así como mis relaciones más cercanas. Cuando entendí el increíble poder de trabajar en lo importante, no solo para desocupar mi agenda en el mediano plazo, sino para empoderar mi visión y mi estrategia frente a lo que quería de mi vida y mi equipo... ahí empecé poco a poco a darle un espacio. Todavía estoy aprendiendo... pero las consecuencias de hacerlo han sido mucho más grandes que el sentirme con más tiempo.

Cuando le dedico tiempo a lo importante, me cuido, planifico mi negocio y mis metas, me siento con mi equipo para enseñarles a hacer. Cuando me dedico a lo urgente, me siento más tranquila porque lo urgente ya tuvo su espacio.

3) Autocuidado

Los abogados dedicados a la asesoría pueden sentir cómo el mercado y los negocios buscan productos y servicios más costo eficientes; todo está en la rentabilidad. Esto hace que nuestra profesión se guíe también por estos parámetros. La eficiencia se alcanza a través de procesos, especialización, delegación y muchas horas de trabajo. Las consecuencias de esta manera de trabajar se pueden observar en desequilibrios en la vida personal y vida laboral, así como en la aparición de enfermedades relacionadas con el estrés.

Si queremos tener energía para ser más productivos y además sentir que le damos tiempo a lo importante, debemos recordar que el autocuidado no es un lujo, es una necesidad. Dormir, comer bien, hacer ejercicio, pasar tiempo con quienes más queremos, es lo que nos alimenta como seres humanos y será la gasolina que nos permite seguir en nuestro día a día.

4) La presencia

La presencia es el antídoto del multitasking.

Una de las mejores maneras de conseguir más tiempo en la vida, es sintiéndolo, percibiéndolo con mis 5 sentidos.

Si me libero de la culpa, que me hace querer estar en otro lado, siempre... Puedo estar presente. Imagínate cómo se sentiría estar presente en ese trabajo que te encanta hacer, comer con presencia tu fruta favorita, bailar con presencia tu canción favorita, estar presente con ese ser querido en ese momento mágico en el que no tiene que pasar nada extraordinario para sentirte bien.

Los beneficios de la presencia son miles; uno de ellos, es sentir que el tiempo es más largo y que lo estás aprovechando mejor.

5) Decir que no

Este aliado es una gran clave para multiplicar el tiempo, sobre todo si eres una mujer con varios sombreros en casa, en el trabajo, con tus amigas...

Aprender a poner límites, y decir que no nos libera la agenda y recupera nuestra energía para concentrarnos en eso que sí queremos hacer.

Muchas veces estamos repletas de actividades que no son importantes, pero que las realizamos porque nos hacen sentir populares, valiosas, reconocidas, apreciadas por colegas familias. Me sobran los ejemplos de lo que he realizado para sentirme querida o importante, a pesar de que hubiera preferido quedarme en casa leyendo un libro.

Ese favor para tía Normita, esa actividad que tenía que realizar el pasante, pero que dije que igual la haría yo, esa reunión que me ofrecí a organizar a pesar de que en serio no quería hacerlo. Cada vez que le digo que SÍ a la tía Normita, me estoy diciendo que no a mí. Y al revés, cuando aprendo a poner límites y digo, amablemente que no, estoy diciéndome SÍ, a mí, a mi tiempo, a mi autocuidado, a mi autovalor.

Si se te ocurren mil excusas para seguir diciendo que sí, cuando quieres decir que no, te cuento que siempre hay una manera de hacerlo, si realmente lo quieres.

6) Delegar

Cuando nos liberamos de esa idea del ego, de que somos las mejores del mundo y de que nadie lo hace mejor que yo...

Puedo empezar a delegar. Al principio sí tenemos que invertirle tiempo y enseñar, así como practicar nuestra paciencia y aceptar algunos errores en el proceso de aprendizaje de los demás. Pero esa inversión de tiempo luego tiene su recompensa...

Me permite ocuparme de cosas más importantes y al mismo tiempo empodera a mi equipo, a mis hijos, a mis colegas.

Conclusión

El "no tengo tiempo" es una mentira que nos contamos y contamos a los demás.

Una mentira que oculta muchas verdades y muchas emociones que no queremos o no podemos ver.

Para gestionar mejor el tiempo, será importante conocer mis emociones y descubrir las verdaderas causas de esta sensación. Desde mi experiencia el "no tengo tiempo" puede esconder: el no saber decir "NO quiero hacerlo"; desconfianza en los demás; incapacidad de delegar; no saber pedir ayuda; pensarse y quererse autosuficiente; no cuidar mi bienestar físico y mental; mi necesidad de control y perfeccionismo; o mi ego que necesita estar ocupado profesionalmente para sentirse importante.

Buscar sentir más poder sobre el tiempo y lo que hago se trata de ser protagonistas y no víctimas del "malvado tiempo". Si no logramos "tener más tiempo", sabremos que no es culpa de la cantidad de horas en el día, sino de nuestras propias decisiones.

La adecuada gestión del tiempo no se resuelve a través de incluir todas las citas, visitas y actividades en una agenda con alarmas. La gestión del tiempo es en realidad parte de la autogestión emocional porque debemos identificar cuáles son nuestras prioridades.

La gestión del tiempo no es una división de las horas del día. Es la multiplicación de un momento importante con mi total presencia.

Resiliencia: desde la vida para el liderazgo

Paola Aldana Mahecha

"Muy a menudo en la vida, las cosas que consideras un impedimento resultan ser una gran suerte"

Ruth Bader Ginsburg

Contexto

Venimos de algún lugar y la suma de eso que vamos viviendo de alguna manera nos moldea y define nuestra personalidad. Asimismo, todas, todos y todes tenemos una historia que el mundo desconoce y estamos sanando o recuperándonos de algo. Esa realidad no es distinta para mí.

Abogada de profesión y habiendo trabajado más de dos décadas, donde casi 17 años los dediqué al trabajo en firmas de abogados, enfrenté el estrés, la presión y la exigencia, pero los mayores retos han venido de mis experiencias personales. Esto también es verdad para muchas personas. Así, a lo largo de mi vida enfrenté distintas experiencias que me fracturaron y que con el tiempo he ido aprendiendo a reparar, entre ellas las más recientes implicaron ver mi mundo en llamas en medio de un tratamiento de cáncer, un divorcio, enfrentarme a mis propias creencias limitantes y el derrumbe de muchas de las estructuras de mi vida que consideraba "estables".

Así, a veces llegan esos momentos de la vida en donde lo único que sentimos es dolor. A veces es físico, a veces es emocional y, con frecuencia, ese par se juntan para lograr un cóctel que en muchos casos pone a prueba la fortaleza interior y la salud mental.

En dichos momentos buscamos formas, teorías y procesos terapéuticos para seguir adelante y suele pasar que, aunque comenzamos afuera, las herramientas más efectivas que nos encontramos son aquellas que nos llevan a la introspección y a explorar nuestro mundo interior. Ese fue mi encuentro con la resiliencia, este concepto que creía conocer adquirió para mí una nueva dimensión cuando entendí que trae consigo un camino que me iba a ayudar no solo a salir adelante, sino a reencontrarme en una versión más genuina, más fuerte, más regulada y, que como consecuencia, tiene una mejor capacidad para afrontar el conflicto, la incomodidad, el dolor, o en últimas todo aquello que llamamos "adversidad".

Calma, esta no es una historia de terror ni de tristezas acumuladas; por el contrario, todo terminó tan bien que hoy escribo estas palabras viviendo una vida que me gusta, pero me parece valioso plantear este contexto para decir que todo lo aquí propuesto ha hecho parte de mi propio camino de vida y, por ende, al haberlo atravesado me permito transmitir respetuosamente entendimientos a los que llegué, soportándome además del estudio de varios autores. Como decimos los abogados, recibe todo con beneficio de inventario. Quédate solo que con aquello que resuene dentro de ti.

Entonces, ¿qué es la resiliencia?

De acuerdo con el Diccionario Oficial de la Lengua Española, la resiliencia viene de la raíz latina *resilīre*, que significa "saltar hacia atrás", "replegarse". Es decir, en su origen estamos hablando de un concepto que implicaba saltar o volver a saltar, lo que es rebotar.

Es curioso entonces que dicho origen del latín nos haya llevado al significado actual que se encuentra en la misma obra y que representa "capacidad de adaptación de un ser vivo frente a un agente perturbador o un estado o situación adversos" o la "capacidad de un material, mecanismo o sistema para recuperar su estado inicial cuando ha cesado la perturbación a la que había estado sometido"[1]. Desde esta perspectiva destaco que se trata de una capacidad, que a su vez representa suficiencia, posibilidad y contar con las cualidades necesarias para lograr, soportar, sostener o contener una situación compleja.

Será que, si juntamos ambos conceptos, la resiliencia representa "chocar" con algo que nos hace rebotar hasta que desarrollamos la capacidad de adaptarnos y aprender a atravesar el choque que se encontraría representando por la situación adversa. Puede ser, pero sigamos profundizando.

Desde el punto de vista sicológico, representa el proceso de adaptación exitosa frente a la adversidad, el trauma, la tragedia o las amenazas[2]. Esto me lleva a la definición que con frecuencia más me gusta aplicar y que la encontré contenida en el libro de las Cinco Prácticas de las Personas Altamente Resilientes de la Ph.D. en sicología Taryn Marie Stejskal, según la cual la resiliencia es la capacidad de abordar de forma efectiva los retos, cambios y adversidades de forma tal que nos permitan mejorar como consecuencia de la experiencia vivida, en lugar de reducirnos por la misma.

Dicho en otras palabras, la resiliencia desde la sicología corresponde a la capacidad que tenemos de sobreponernos a las circunstancias que vivimos y representa una habilidad que podemos construir porque es un proceso para mejorar a partir de la adversidad y dejar que desde un terreno difícil florezca con jardín. Esto abrió mi mundo porque entonces no se trata de "ser o no resilientes", se trata de estar en disposición de generar nuevas posibilidades a partir de lo que vivimos, lo cual en mi caso resignificó mi experiencia de vida.

1. Diccionario de la Lengua Española. Versión web–https://dle.rae.es/resiliencia.
2. Cita tomada de la definición de la Asociación Americana de Psicología y realizada por Marisa Salanova en su libro "Resiliencia".

Del mismo modo, la resiliencia al desarrollarse como una capacidad intrínseca, que en este caso estamos aplicando al ser humano, representa particular valor cuando nos enfrentamos a contextos adversos, situaciones hostiles, mucho estrés o circunstancias de presión que nos hacen sentir que vivimos enfrentando peligros o amenazas constantes. Existen personas naturalmente resilientes, pero para otras no es la condición básica y por ello entender la resiliencia como una herramienta es tan valioso, pues además es replicable en todos los aspectos de la vida, lo que incluye el desarrollo y fortalecimiento de habilidades de liderazgo.

Elementos de la resiliencia

Cuando leía a la doctora Clarissa Pinkola estés en su famoso libro "Mujeres Que Corren Con Los Lobos", se ve la constante referencia a recuperar a ese ser que en todas habita llamado a florecer, a permitirse ser quien realmente somos, aquel ser que va tras la profundidad, que se conoce, que cree en su instinto, aquel que disfruta y se permite el placer, la creatividad, la autenticidad y, que por ende, entiende su valor, su fuerza, su dulzura, su abundancia y su poder. Esa mujer arquetípicamente salvaje que todas llevamos dentro y que por alguna suerte del destino se ocultó o se domesticó.

Ahora bien, dicha naturaleza salvaje tiende a ser controlada en contextos que en la actualidad representan cierta homogeneidad y donde el entorno dificulta ser quien somos, por lo que nos convertimos en lo que creemos nos corresponde "ser" dentro de una estructura de compromiso, responsabilidad u obligación. En el caso de las mujeres, especialmente, terminamos en una agotadora carrera por ejercer muchos roles, compitiendo con nosotras mismas y, muchas veces, atendiendo más a una necesidad de cumplir y de encajar que de pertenecer. Esto dificulta más que podamos vivir dicha naturaleza genuina y salvaje, por lo que allí la resiliencia ocupa un interesante lugar, pues, parte de la idea de reencontrarnos con aquello que nos es natural para ser adelante, darnos cuenta de que todo pasa y que si estamos en disposición de abrirnos podemos construir una vida más feliz, ser mejores líderes, aplicar la empatía y reconectar con las virtudes que tenemos dentro de forma natural y auténtica.

Dentro de este camino, la resiliencia como la he aplicado a mi propia vida para abrir espacio a este nuevo entendimiento ha requerido, en primer lugar, partir de la premisa de la ACEPTACIÓN. Si la resiliencia supone enfrentar la adversidad, es necesario reconocer que no podemos cambiar el pasado, pero que sí podemos transformarnos, reinventarnos, reencontrarnos y florecer a partir de lo vivido.

Las situaciones adversas, aunque llegan por una razón y en lo personal, creo que somos co creadores de nuestra vida. Lo cierto es que cuando en la realidad algo se materializa como parte de este tiempo y espacio, debemos trabajar a partir de lo que está ocurriendo en el presente. Aceptar las cosas como vienen es el paso para poder atravesar el camino de la mano de la resiliencia que vamos construyendo. Por obvio que suene, una de las grandes luchas mentales es con los "si yo hubiera" del pasado que nos acechan y que con frecuencia están acompañados de mucho sufrimiento.

Es decir, hay ocasiones en que la aproximación a las dificultades que se nos presentan es reactiva y optamos por dedicar una cantidad de energía y esfuerzo en luchar contra lo que está sucediendo, como si ello nos evitara el dolor o hiciera desaparecer la situación en sí misma de nuestra vida. La verdad es que no sucede así. Acepar lo que ocurre, renunciando a cambiar la situación o a las personas involucradas y enfocar los esfuerzos en trabajar sobre nuestro propio SER es clave para transformar nuestro presente y desde ese lugar construir los pasitos de nuestro futuro.

Aclaro que aceptar no es resignarse ni estar de acuerdo con todo lo que nos sucede. Tampoco implica hacernos pequeños frente a las circunstancias o frente a una persona, mucho menos minimizar lo que soy o las emociones que nos invaden en determinado momento. Todo lo contrario, ACEPTAR implica ver el momento a los ojos (incluso cuando tenga cara del mayor de nuestros miedos) y decirle: "aquí estoy, entiendo que esto es real, ocurre en este momento, acepto todas las emociones que me atraviesan y renuncio a luchar o cambiar lo que no puedo cambiar, por lo que suelto el control y reconozco que el verdadero poder está dentro mío". Allí comienzan los cambios profundos, porque me doy permiso de sentirlo todo, abandono el "modo lucha" y al mismo tiempo me enfoco en lo que sí puedo trabajar. Aceptando la situación adversa, retadora, conflictiva o dolorosa que llega a mi vida, la resiliencia se abre camino.

Con esta premisa y recogiendo lo que he analizado en los últimos años, planeo cinco de los diez elementos que considero hacen parte de la construcción de la resiliencia, para con dicha herramienta también contribuir a la construcción de liderazgos más sanos, positivos, empáticos, equitativos e inclusivos.

Primero: Gratitud

No podemos pensar en carencia, ansiedad, frustración o decepción si estamos agradecidos. Por complejo que parezca, aproximarnos a la situación con gratitud, entendiendo que hace parte de nuestro camino para estar en paz y alcanzar un mayor bienestar, nos permite avanzar porque nos muestra esos lugares de nuestro ser que necesitan cuidado, trabajo, dedicación y sanación.

Agradecer esa adversidad es el primer paso del camino porque nos trae presencia, posibilidad e ilumina nuestros siguientes pasos para que veamos lo que nos ocurre con compasión, comprendiendo que todo pasa por una razón y que todo forma parte de la vida.

Cuando me diagnosticaron cáncer, recuerdo que en una sesión de terapia empecé a ver dicha enfermedad con la gratitud con la que vemos a los maestros. Le puse nombre de un mensajero de los dioses a mi tumor y agradecí que estuviera guiándome a ver algo que no estaba pudiendo ver de otra manera. Visto con espejo retrovisor, aproximarme a la enfermedad con gratitud no solo suavizó el largo proceso de quimioterapia, sino que me permitió tener la apertura para ser resiliente con mayor confianza en la situación.

Claramente, la gratitud también nos ayuda a parquearnos en el presente, en todo lo que sí tenemos y en dejar de buscar o añorar lo que no tenemos. Por supuesto, enseña también lo mucho que damos por garantizado algo o a alguien, y lo mucho que nos confronta no tenerlo. En mi caso, me trajo profunda gratitud por mi propia vida, reconociendo lo evidente: morir es inevitable y es parte del ciclo, así que puedo agradecer cada nuevo día que tenga en este planeta.

De acuerdo con la doctora Stejskal existe una fuerte correlación positiva entre la gratitud, la resiliencia y los sentimientos de felicidad dado que la gratitud nos ayuda a bloquear las emociones negativas, porque las mismas no tienen cabida simultánea cuando estamos agradecidos y esto aumenta nuestro bienestar. Esto facilita al cerebro conectarse con emociones que nos saquen de la sensación de amenaza y alerta, contribuyendo además con nuestra salud mental.

Agradecer lo ocurrido y aquello en lo que te estás convirtiendo, incluyendo cada día que vayas superando, cada pequeño logro del camino y la fortaleza que has requerido, porque ante la adversidad solo cada persona sabe las dificultades, miedos y monstruos que atravesó. Esa gratitud es el pilar fundamental de la resiliencia que vas construyendo y que se requiere para que surja una mejor versión tuya.

Segundo: Entender el aprendizaje

La gratitud nos sintoniza con una energía más vital, permitiendo que desde ese lugar nos abramos espacio para entender lo que la situación adversa vino a enseñarnos. Es decir, estando agradecidos por lo que sucede, podemos dar paso a enfocarnos en la lección.

Esto supone un cambio que impacta no solo nuestra mentalidad, sino nuestra energía. Se trata de dejar de pensar: ¿por qué me ocurre esto a mí? Para comenzar a pensar, ¿para qué ocurre esto?, y ¿qué puedo aprender de lo que está ocurriendo?

Nos salimos entonces de una situación mínima que nos pone en el lugar de "víctimas" de las circunstancias y entonces nos podemos hacer cargo, porque la tarea empieza a ser escuchar, observar y descifrar el aprendizaje, información que está en nuestro interior.

Aplicar esta aproximación es un salto enorme en la recuperación del poder personal porque lleva a dejar de buscar afuera de nosotros respuestas, para comenzar a encontrar dichas respuestas adentro; en nuestra historia de infancia, en la historia de nuestros sistemas familiares, en los contextos sociales, económicos y culturales donde crecimos, es decir, en nuestros miedos, heridas y traumas.

Se hace evidente entonces que entender lo que trae la situación adversa y el duelo, hace parte de un proceso de aprendizaje para transitar a una vida más plena. Ahora, tenemos que estar dispuestos a escuchar y procesar el mensaje, pues suele ocurrir que es difícil de escuchar. Es normal, creemos que somos una caja sellada con todo solucionado hasta que la vida nos da una voltereta y nos hace darnos cuenta de nuestras heridas, traumas y dolores profundos.

Tercero: Autoconocimiento y amor propio primero

Dado que el aprendizaje se concentra en nuestro mundo interno, esto nos lleva al camino de conocernos como todo lo que nos habita, sea luz o sea sombra, como lo explicó Carl Jung. El tiempo se volverá etéreo y nos vamos dando cuenta de que las heridas tienen ramificaciones, por lo que a veces vemos las raíces más superficiales cuando lo que está listo para ser transmutado se encuentra en lo profundo de nuestro ser.

Así, encontrar espacios de silencio para escucharnos, poder expresar nuestra verdad y, nuevamente, soltar el control nos permite conocernos mejor e irnos amigando con lo que vamos experimentando. Es allí donde el amor propio es fundamental al desarrollar resiliencia psicológica, porque representa la aceptación, respeto y compasión por lo que somos, lo que hemos vivido y por lo que estamos viviendo. Empezamos a ser más conscientes y a darnos la oportunidad de querernos.

Esa búsqueda por conocerte puede que la realices de distintas formas. Afortunadamente, hoy día existen tantos tipos de procesos terapéuticos como personas, pero lo cierto es que la real tarea depende de uno, de la capacidad de escuchar, comprender y accionar sobre esa información que vaya llegando.

Probablemente, lo más complejo del autoconocimiento es tener compasión y darle amor al proceso que vamos teniendo, sabiendo que no es lineal y que eso no significa ausencia de avance. Además, porque cada proceso es único y honrar nuestro propio trabajo personal sin comparación ni crítica, requiere, nuevamente, llenarnos del amor más importante: el amor hacia lo que somos.

Igualmente, resulta clave que entendamos que somos el reflejo de nuestra historia e incluso de nuestro linaje, por lo que algunos capítulos que se abrirán en el proceso seguramente dolerán y eso no significa que haya algo "mal", sino que vamos encontrando lo que necesitamos sanar y todo eso también es parte del ejercicio de empoderarnos en esta experiencia humana. Ahora bien, la pregunta es: ¿cuál es la recompensa o beneficio de atravesar senderos que pueden sentirse como caminar sobre fuego? Mi respuesta sería que está el reencuentro de nuestro poder o, incluso, con nuestro ser salvaje. Esto significa que estamos a cargo de liderar y crear nuestra vida, que le quitamos el poder a las situaciones y a las personas que no lo merecen de manera consiente y no como un acto de control y resistencia, sino, por el contrario, como un acto de autocuidado.

En la medida que nos conocemos y aprendemos a querernos mirando con compasión todas nuestras partes, pasa algo maravilloso y es que muchos de nuestros miedos se van desvaneciendo y va surgiendo una confianza renovada. Ese tipo de confianza o autovalía que nos permite ser fieles a lo que somos y que a su vez comienza a romper con las historias y estereotipos sociales y mentales que creíamos verdaderos, pero que no lo eran tanto. Del mismo modo, activa el sentido un pertenecernos porque entendemos aquello que nos resulta valioso y desde ese lugar nos permitimos una mayor coherencia entre lo que pensamos, lo que sentimos y lo que hacemos, lo que me hace traer a este texto el estudio realizado por Brené Brown, académica, investigadora y autoridad en la materia, respecto de la pertenencia en el cual explica que la "resiliencia procede del escrutinio de uno mismo en territorio salvaje y de esa conciencia más aguda de cuándo estamos siendo fieles a lo que creemos correcto"[3].

Si la resiliencia es una herramienta que desarrollamos como capacidad de afrontar de forma efectiva los retos y adversidades de la vida, es fundamental que nos conozcamos desde el amor y la confianza propios, lo cual se traduce además en sentir la seguridad de que todo está bien porque nos pertenecemos y, por ende, que no estamos dispuestos a negociar ni nuestra valía ni nuestros valores con nada ni con nadie. Puede que esto sea difícil en la práctica, lo sé, pero aplicarlo puede ser muy liberador.

Cuarto: La valentía de la vulnerabilidad

Tanto entender el aprendizaje como permitirnos conocernos, querernos y valorarnos nacen de un llamado interior y se han de materializar en las acciones más cotidianas, lo cual requiere mucha valentía porque suponen un acto de vulnerabilidad que en últimas significa exponernos y asumir riesgos.

La vulnerabilidad es un acto de valentía porque incluso sin saber lo que vamos a encontrar o sin poder dimensionar cómo nos puede afectar, nos conecta con un lugar interior genuino y, por ende, a veces se puede sentir como salir desnudo a la calle sabiendo que seré objeto

3. Brown, Brené, Desafiando a la tierra salvaje, pag. 181, 2019.

a miradas (no necesariamente compasivas o empáticas), a la crítica y, peor aún a la autocrítica. La vulnerabilidad se puede sentir como desnudez emocional o, como diría también Brené Brown, como caminar y exponernos a un territorio salvaje. Así que la vulnerabilidad también puede resultar muy incómoda y hasta dolorosa, aunque existen grandes recompensas, siendo por ello posible elegir otros caminos, así nos mantengan unos desconectados de nuestro mundo interior y que tal vez tengan menor exposición.

Esto me recuerda una de mis propias experiencias con la vulnerabilidad. Cuando perdí el pelo, las pestañas y las cejas como consecuencia de la quimioterapia, fue tan difícil que aproveché que en aquella época seguíamos con rezagos de la pandemia para atender todo de forma virtual y sin prender la cámara, especialmente en las reuniones laborales, pero cuando fue necesario "dejarme ver" me sentí caminando en territorio salvaje, desnuda por la calle al haber perdido elementos de mi físico que según yo me identificaban. Yo no era el pelo, las pestañas o las cejas que tenían antes del tratamiento, pero lo cierto es que en ese momento no sabía bien quién era, razón por la cual a los ojos que más les costó ver aquello fue a los míos. Necesité aceptar y permitirme la vulnerabilidad de enfrentar mi realidad para poder seguir adelante, especialmente para verme a mí misma con cariño y compasión.

Por lo anterior, me parece valioso recordar que la vulnerabilidad es donde nace el amor, la pertenencia, el gozo, el coraje, la responsabilidad y la autenticidad, como lo señala magistralmente Brown, después de profundas investigaciones en la materia. Ser quienes estamos siendo sin máscaras ni versiones preconstruidas requiera mucha valentía; el problema es que muchas veces no tenemos respuesta a ¿Quiénes somos? Y nos terminamos identificando con los roles que ejercemos, por lo cual el elemento anterior del autoconocimiento es fundamental.

En el camino de construcción de la resiliencia, la práctica de la vulnerabilidad es fundamental porque muchas veces las historias que nos transforman no son necesariamente las historias de las que hablamos.

La vulnerabilidad nos lleva a conexiones más profundas, siendo la conexión interior la primera que empezamos a cultivar.

La doctora Stejskal, explica además que en lo que respecta a la resiliencia tres potentes cosas ocurren cuando nos vulnerabilizamos: la primera, que profundizamos la relación con nuestra propia experiencia, permitiéndoles a otros que aprendan y se conecten con la misma; lo segundo, enfrentamos el miedo a la vulnerabilidad propia y a la ajena, alcanzando una mayor conexión humana, y; la tercera, que alentamos a otros a mostrarse vulnerables creando entornos de aceptación y empoderamiento. Como resulta evidente, todas las anteriores habilidades también son necesarias en el ejercicio del liderazgo.

La vulnerabilidad nos permite sabernos valientes y fuertes, mientras nos conocemos, ver las lecciones del camino y expresar nuestra verdad, aquella en donde residen los retos y adversidades por las que atravesamos.

Nuevamente, es un acto muy valiente enfrentarnos a nosotros mismos porque dado el nivel de inconsciencia en el que estamos no sabemos que nos vamos a encontrar, siendo esos hallazgos y descubrimientos los que nos llevan a ir atravesando las adversidades, transformando el camino de la vida para rompiendo patrones y estructuras que ya no nos sirven ni aportan a nuestro bienestar. En línea con recobrar nuestro poder, el ejercicio de la vulnerabilidad, nos da la licencia para SER y atravesar la adversidad desde ese lugar, por lo que es un elemento clave en la construcción de la resiliencia.

Quinto: La actitud como espacio de libertad

Empecemos también con la definición de la "actitud". Esta palabra, según el Diccionario Oficial de la Lengua Española, hace referencia a tener una disposición de ánimo manifestada de algún modo. Es una postura frente a una situación, unos hechos o la forma en que percibimos determinados acontecimientos.

Para Viktor Frankl la actitud es el resultado de una elección personal. En dicha línea, Pilar Sordo la define como el único espacio de libertad que en realidad tenemos frente a lo que nos toca vivir. Las anteriores aproximaciones me tomaron días de reflexión, porque nunca había hecho la conexión entre la actitud como una elección y la libertad, por obvio que parezca. Lo cierto, es que estamos en un mundo donde crecemos en entornos llenos de condicionamientos y sesgos que determinan en buena parte la forma en la que nos desarrollamos como personas, pero pocas veces interiorizamos que hay un espacio en donde somos libres que radica precisamente en la forma en la cual nos aproximamos a todo, en esa "actitud" que tenemos frente a la vida misma.

Aclaro que con actitud no me refiero al positivismo tóxico como aquella tendencia a pretender o mostrar que todo está bien cuando nuestro mundo se encuentra en llamas y tampoco significa desconocer nuestra emocionalidad. Esto es particularmente importante cuando pensamos en la cantidad de información a la cual nos exponemos diariamente, en especial en redes sociales donde pareciera que debemos encajar en moldes, ser perfectos y vivir alegres e impolutos todo el tiempo, generando esto una distorsión importante de la realidad.

Con dicha claridad, la actitud con la cual vemos la adversidad genera una diferencia en la perspectiva que puesta en términos del adagio popular implica ver "el vaso medio lleno o medio vacío". Aunque cada quien verá el mundo según lo que ha experimentado y las cargas tanto emocionales como sicológicas que trae, en términos de resiliencia la construcción de esta capacidad muestra como elemento la apertura a ver la situación adversa como un espacio de crecimiento, por lo que está intrínsecamente relacionada con la posibilidad de aprender de lo que nos ocurre.

La actitud tiene un poder transformador porque un cambio en la perspectiva puede cambiar toda nuestra aproximación frente a la situación, lo que resulta muy liberador porque está en mi poder decidir mi propia aproximación frente a los acontecimientos de mi vida. En este espacio encontraremos a quien nos acompañe a cultivar cualquier visión, pero lo importante es que desde un lugar interior podemos decidir los lentes con los que queremos ver los retos y qué tantos "filtros" deseamos utilizar.

En este elemento, la vulnerabilidad también juega un rol importante, porque la actitud nacerá de una conversación interior en la cual debemos estar en capacidad de ver nuestras necesidades, nuestros dolores y todas las emociones que circundan lo que estamos viviendo, y, aun así, es un espacio de libertad porque "yo decido", y al hacerlo también me estoy haciendo cargo de mi vida. Existen múltiples ejemplos de personas que pierden órganos o partes de su cuerpo a causa de una enfermedad y superan dichas situaciones en parte con una actitud inquebrantable y mostrando unas constantes ganas de seguir vivos y avanzando, adaptándose y aprendiendo a sobrellevar las circunstancias de forma tal que para cualquier espectador no solo son inspiradoras, sino sobre todo liberadoras. En dichos procesos, la verdad es que necesitan más que una actitud positiva o propositiva, pero es uno de los elementos que acompaña la resiliencia que los caracteriza.

Solo tengamos en cuenta que la actitud ojalá vaya de la mano de una dosis de compasión y amor propio, para que nazca desde un espacio respetuoso, empático y compasivo con lo que vivimos. Entendiendo el camino único que vamos viviendo, con un balance de realismo y positivismo que, sin perder la perspectiva, nos permita encontrar en nuestro ser todo lo maravilloso que sigue existiendo en nuestra vida. Retos hay siempre, unos más complejos que otros, pero absolutamente todo pasa desde la noche más oscura hasta el día más iluminado, y al final todo es para nuestro bien mayor y que aprendamos lo que nos corresponde.

La actitud es un elemento además de la resiliencia, porque al ver una situación desde una perspectiva que nos brinde posibilidad, abrimos caminos distintos para aproximarnos a la realidad, lo cual también coadyuva para que salgamos de los rincones oscuros. Por eso es tan poderosa, porque dentro de nuestra libertad personal podemos definir y cocrear desde la forma en que nos aproximamos a la vida.

Los elementos antes citados son cinco de los diez que he ido identificando, los cuales me han mostrado cómo la resiliencia es una caja de herramientas muy poderosa para la vida y que podemos transferir al desarrollo de modelos de liderazgo positivo. Se trata además de una capacidad muy interesante, porque es intrínseca y la podemos desarrollar desde nuestra propia experiencia y desde la conexión genuina y empática con otras personas.

La resiliencia nos permite empoderarnos de una mejor forma sobre nuestras decisiones, asumir lo que nos corresponde y evitar culpar a los demás por lo que nos pasa, apropiándonos de lo que vamos viviendo. Logrado lo anterior, la consecuencia es que podemos elegir actuar de conformidad con lo que vamos haciendo evidente, haciendo lo mejor que podemos con los recursos que tenemos disponibles y seguir trabajando y sanando todo lo demás que vamos identificando en ese proceso de descubrimiento.

Esto transferido al liderazgo trae consigo el poder de la empatía, la conexión y la efectividad de las relaciones en función de contextos comunes. Implica desmontar las estructuras que se configuran desde la autoridad para pasar a un relacionamiento más auténtico entre humanos que atraviesan todo tipo de situaciones. Utilizando la resiliencia, estamos en disposición de generar organizaciones con mayor pertenencia en donde cada individuo pueda ser genuino, donde además entendamos que desarrollarnos como equipo supone cambios constantes y, en dicha medida, estamos dispuestos a transformar la cultura.

La resiliencia, junto con los elementos que comporta, nos llevan a tener mayor determinación, paciencia, reconocimiento sobre nuestra realidad y las realidades ajenas abriendo espacios para mejorar la comunicación, desarrollar ideas más innovadoras, ser menos adversos al fracaso porque los vemos como oportunidades de crecimiento y nos genera capacidad de navegar zonas incómodas permanentemente sabiendo que todo lo que ocurre nos está enseñando algo para hacerlo mejor, porque estamos creciendo siempre (incluso si no parece o si tenemos la percepción de ir muy despacio).

En las estructuras homogéneas y poco transversales se va diluyendo la conexión entre los seres que las conforman, pierden de vista la resiliencia como herramienta y poco hacen ejercicios introspectivos de autoevaluación más allá de los resultados, olvidando que estos se producen por el tejido humano que subyace a la organización.

A lo mejor, lo que he expuesto te resulta sencillo o tal vez es algo difícil de digerir, sea cual sea el caso, sigue adelante. Seguramente, al leer estas páginas ya has tenido que enfrentarte a la adversidad y desarrollar resiliencia frente a ello, así que sigue adelante y aprovecha tu presente. Ojalá esta propuesta para utilizar la resiliencia como capacidad de forma más consciente te sirva, sabiendo que como persona eres un ser completo y suficiente tal y como eres. Conecta a ese ser con tu mejor versión cada día, especialmente si vas adquiriendo roles de liderazgo, porque eso te convierte en un elemento multiplicador y este mundo en proceso de transformación lo necesita.

Gracias por estar, por existir y por todo lo bonito que ya estás aportando con tus propios dones, talentos y con todas las capacidades que has ido despertando y desarrollando. Recuerda que somos caminos distintos y, aunque estemos conectados, el tuyo es único, así que hónralo con aceptación, gratitud y amor, solo tú sabes lo que has enfrentado. No pares, utiliza la resiliencia en ti y ve un día a la vez porque todo pasa. Hasta la tormenta más difícil un día llega a su final.

Bibliografía

Brown, Brené. Más fuerte que nunca. Urano, 2016.

Brown, Brené. Desafiando a la tierra salvaje. Penguin Random House, 2019.

Frankl, Viktor. El hombre en busca de sentido. Herder, 2021.

Gómez, David. Un viaje hacia el amor (propio). Urano, 2024.

Jung, Carl Gustav. Arquetipos e inconsciente colectivo. Paidós, 2014.

Pinkola Estés, Clarissa. Mujeres que corren con los lobos. Penguin Random House, 2017.

Salanova, Marisa. Resiliencia, ¿Cómo me levanto después de caer? Bonalletra Alcompas SL, 2023.

Sordo, Pilar. La libertad de ser quien soy. Planeta, 2019.

Stejskal, Taryn Marie Ph.D. The 5 Practices of Highly Resilient People. Hachette Book Group Inc., 2023.

Autoconocimiento y Reconexión con el Cuerpo como Herramienta de Autoliderazgo

Paula Buriticá Caicedo

1. Reformulación de la profesión a partir del Autoconocimiento

Un frío día de lluvia en agosto de dos mil veinte, sentada en el escritorio que había adecuado en mi apartamento en Bogotá D.C. durante la pandemia, me pregunté: "Si tuviera la certeza de que voy a morir en un mes, ¿elegiría la vida que estoy viviendo?" La respuesta fue no.

Esta no era la primera vez que me cuestionaba el estilo de vida que había elegido, pero en ese momento vi pasar, lúcidamente, imágenes asociadas a gastarme hasta el último de mis ahorros viajando y luego tirarme de un puente. Sentí la fuerza de un golpe en el pecho, se me cortó la respiración y me ataqué a llorar desconsolada. Esa tarde fue el principio de lo que, hoy comprendo, ha sido un gran viaje de autoconocimiento, que me ha llevado a darle una vuelta de ciento ochenta grados a mi vida personal y profesional.

Para el momento en que me hice esta pregunta, trabajaba como abogada principal en una de las firmas más importantes de Colombia. Había regresado meses atrás de un periodo de trabajo en Nueva York en una prestigiosa firma de esa ciudad. Tenía todas mis necesidades económicas cubiertas y una carrera en continuo ascenso. Profesionalmente, había logrado todo lo que me había propuesto hasta ese momento, pero dentro de mí había algo que no estaba bien.

Me sentía sola, estaba permanentemente agotada y me agobiaban las exigencias de la vida que había elegido. Solía ser muy dura y exigente conmigo misma y con las personas que trabajaban conmigo. Cometer errores me dolía hasta en los huesos. Trataba de hacer lo que fuera para no cometerlos y, cuando lo hacía, aunque fueran pequeños, se detonaban en mí monólogos de desvalor e insuficiencia y buscaba culpables. Creía que mi valor como persona estaba ligado a mi valor como profesional. A su vez, pensaba que mi valor profesional estaba atado a estar siempre disponible, a ganar argumentos, a ser más inteligente que otros, más rápida, más eficiente. Me costaba muchísimo ponerme límites y cumplirlos. Pensaba que hacerlo iba a comprometer mi capacidad de ser vista y reconocida.

Normalicé no escuchar los mensajes de mi cuerpo. Dormía poco si era necesario para cumplir con mi trabajo; muchas veces comía sentada frente al computador y me daba muy pocos espacios de pausa. Cuando mi cuerpo colapsaba de cansancio, recurría a la cafeína y a suplementos que me prometían más energía. Si estaba incapacitada, trabajaba igual y casi siempre aplazaba mis citas médicas hasta que algo realmente urgente o doloroso me obligaba a atenderme. Por temporadas me obsesionaba con procedimientos y dietas de desintoxicación, tomando una docena de suplementos, inyectándome sueros de vitaminas, entre otras cosas, buscando una respuesta externa a mis quebrantos de salud. Mantenía una rutina de ejercicios con un entrenador personal, lo cual me ayudaba a liberar estrés, pero esta práctica era lo primero que sacrificaba cuando las exigencias del trabajo se intensificaban.

Aun cuando sabía la importancia de mis relaciones personales y de darme espacio conmigo misma, constantemente prioricé el trabajo, sobrepasar tiempo de calidad con amigos, familia, parejas y a solas. No era inusual verme en reuniones familiares y paseos con una llamada y un computador frente a mí. Los planes siempre podían cancelarse si surgía algo "urgente" en el trabajo.

Desde la universidad lidié con ataques de ansiedad y depresión. Pero el día en que mi imaginación me llevó a tirarme de un puente de forma tan lúcida, supe que necesitaba hacer cambios. Más o menos una semana después de ese episodio, le conté a mi jefe que estaba en crisis. Él escuchó pacientemente, pero pensó que solo estaba cansada y que se me iba a pasar. Meses después, conocí a mi novio y decidí que me iba a tomar un año sabático para viajar con él por Suramérica en una casa rodante. Un año y medio después de esa tarde lluviosa, renuncié a mi puesto de abogada senior de fusiones y adquisiciones y financiaciones y me fui a desconectarme de la rutina para reconectarme conmigo.

Durante mi sabático mis dinámicas cambiaron completamente. Por primera vez en la vida comencé a escuchar a mi cuerpo y atender sus necesidades. Dormí todo lo que necesité, despertándome sin poner alarmas. Incrementé mi actividad física caminando por montañas, lagos, ríos, playas y desiertos. Invertí tiempo en actividades que me generaban placer y tranquilidad por el simple hecho de hacerlas, como leer literatura de ficción, quedarme horas sintiendo la arena de una playa entre los pies y pintar libros de colorear. Me permití estar cien por ciento presente, prestando atención a los detalles de cada lugar, cómo olían, se veían y se sentían físicamente. Compartí con la gente que amo, sin el celular en la mano y sin el afán de otros compromisos.

Me dediqué también a estudiar sobre temas variados que no tenían nada que ver con conocimientos técnicos de derecho, como neurociencia, psicología, física cuántica, epigenética, meditación y chamanismo. Apliqué herramientas de autoconocimiento, autogestión y reprogramación, como la meditación, la hipnosis y la escritura de diarios de agradecimiento, entre otras.

Hoy, entiendo que reconectarme con mi cuerpo, escuchar sus necesidades y atenderlas, fue fundamental para que mi sistema nervioso se sintiera a salvo del estrés permanente al que estaba sometido con el estilo de vida que llevaba. Esto abrió espacio mental y físico para que una serie de procesos internos ocurrieran en mí. Comprendí, no solo a nivel intelectual, sino a través de mi experiencia y de lo que sentía en mi cuerpo, lo que la abundante literatura científica y de distintas corrientes espirituales ha repetido por años: en los estados de calma es posible la reflexión y el cuestionamiento de los pensamientos; en la calma, la creatividad aflora y podemos ver nuevas posibilidades. En los espacios de silencio, es posible experimentar el sentimiento de unidad con todo lo que existe en el universo y con los seres que lo habitamos.

Los procesos que he vivido han cambiado radicalmente mi forma de ver el mundo y cómo me muevo en él. Hoy estoy convencida de que todos los conflictos que vemos en el mundo son producto de conflictos internos de los seres humanos, los cuales se ven reflejados en el exterior. Creo que el conflicto es un gran maestro y mecanismo de evolución; por lo cual, lejos de temerle, deberíamos aprovechar los mensajes que revela. También he entendido que las barreras culturales que le hemos puesto al amor incondicional, la incomprensión de las leyes universales y sistémicas[1], la ignorancia sobre cómo funciona la mente y el cuerpo y los paradigmas de separación, nos han llevado a estilos de vida que nos encarcelan en dinámicas que limitan nuestro poder humano y nos mantienen en estados de angustia y desesperanza permanentes.

Toda esta transformación interna me ha llevado a la conclusión de que el papel de los abogados, más allá de ser simples operadores jurídicos de las leyes humanas, debe ser facilitar la resolución de conflictos desde la raíz, tejer puentes de comunicación entre distintas partes y contribuir a materializar e impulsar relaciones humanas y empresas más conscientes y alineadas con un mundo equitativo. Un mundo donde las energías femeninas y masculinas convivan en equilibrio[2], sin abogar por luchas

1. Las leyes universales y sistémicas son principios que rigen el comportamiento de los sistemas en el universo, incluyendo la vida humana. Las leyes universales, como la ley de la atracción y la ley de causa y efecto, sugieren que nuestras acciones y pensamientos influyen en nuestra realidad. Por otro lado, las leyes sistémicas se centran en cómo las relaciones y las dinámicas dentro de un grupo o sistema (como la familia o una organización) afectan su funcionamiento. Estas leyes nos ayudan a comprender la interconexión y la influencia mutua entre todos los aspectos de la vida.
2. Cuando hablo de la energía masculina me refieron a las cualidades como la lógica, la acción y la racionalidad. En el caso de la energía femenina me refiero a la intuición, la receptividad y la creatividad. Para Carl Jung, psi-

entre sexos o la imposición o dominación de unos seres humanos sobre otros por razón de su género, orientación sexual, clase social o cualquier otra categoría. Un mundo donde el respeto por la naturaleza venga de la comprensión de que todos estamos interconectados, y que nuestra supervivencia como especie depende de nuestra relación con el planeta y con cada uno de los seres que lo habitan.

Mi proceso personal me ha permitido comprender que nadie puede dar lo que no tiene. Para que un abogado pueda llegar a ser un facilitador como el que describo, es necesario que primero haya hecho una tarea juiciosa de revisar su mundo interno y de incorporar herramientas para disolver sus propios conflictos. Debe haber trabajado con su sombra[3] y liberado condicionamientos sociales y ancestrales. Solo así se puede acompañar responsablemente a otros, elegir un oficio desde el amor y transmitir ese amor a nuestros equipos de trabajo y a nuestros clientes.

Sueño con un mundo donde todos los abogados sean personas conectadas con su poder humano y faciliten la construcción de un tejido social sano y amoroso, independientemente del lugar desde el cual elijan ejercer su profesión, ya sea en una firma o empresa, desde la independencia o en el sector público. En esa línea, hoy me dedico a

quiatra suizo, padre de la psicología analítica, ambos aspectos son necesarios para un desarrollo psicológico equilibrado y cada individuo posee una combinación de estas energías, independientemente de su género. La integración de estas cualidades puede facilitar un crecimiento personal más completo y armonioso. (Jung 1971)

3. El concepto de "sombra" en la psicología de Carl Jung se refiere a las partes de nuestra personalidad que rechazamos o reprimimos, a menudo porque van en contra de nuestras autopercepciones o valores. La sombra incluye emociones, impulsos y características que consideramos indeseables y que, si no se reconocen, pueden influir negativamente en nuestro comportamiento. Jung creía que integrar la sombra es crucial para el crecimiento personal, ya que al aceptarla, podemos desarrollar una mayor autoconciencia y autenticidad. (Jung 1971)

facilitar procesos de autoconocimiento y llevar a cabo formaciones en habilidades humanas con énfasis en los abogados, así como a la prestación de servicios de abogacía holística e integrativa[4]. Creo que, cuantos más abogados estén conectados con sus motivaciones profundas y su ser auténtico, menos sufrimiento habrá en esta profesión que, hoy por hoy, tiene altos índices de problemas de salud mental entre quienes la ejercen.[5]

2. Cuerpo y Autoconocimiento

Como relaté anteriormente, cuando trabajaba como abogada de firma, darle duro a mi cuerpo era una constante y me estresaba sobremanera cuando este no respondía a mis exigencias y se enfermaba. Aunque no llegué a tener ningún diagnóstico que me inhabilitara o se considerara una enfermedad grave, convivía con dolores de cabeza, músculos contracturados, permanecía cansada, me costaba concentrarme y se me

4. La abogacía holística e integrativa es un enfoque que busca un entendimiento más profundo de los conflictos, contribuyendo a soluciones más efectivas y satisfactorias para todas las partes involucradas. Estos nuevos paradigmas de la abogacía, a los cuales adhiero completamente, buscan atender las necesidades del cliente no solo desde el aspecto legal, sino también considerando su bienestar emocional, psicológico y social. Este paradigma se enfoca en promover métodos que integren el pensamiento sistémico y las prácticas sistémicas (como las constelaciones), la mediación y la sanación emocional en la práctica legal. Dos grandes precursoras y referentes de este enfoque en el mundo son Kim J. Wright y Rossana Bril.
5. La salud mental en la profesión legal ha sido objeto de estudio en años recientes, revelando que los abogados enfrentan niveles elevados de ansiedad, depresión y estrés (IBA 2020). Además, investigaciones han demostrado que los profesionales del derecho a menudo experimentan una desconexión emocional que contribuye a un deterioro en su bienestar mental (Kirkpatrick et al. 2020).

pegaba cualquier virus que apareciera en el ambiente. En mi mente se repetían constantemente monólogos de creencias limitantes, como que nunca estaba haciendo lo suficiente.

Intentaba cuidar de mi bienestar físico y emocional, pero no tenía herramientas efectivas que me permitieran transformar los hábitos y patrones de comportamiento que afectaban mi salud. Y cuando me enfermaba o llegaba la ansiedad y la depresión, me enfrentaba a los juicios de personas que me querían. Sabía que lo hacían con las mejores intenciones, pero frases como "no puedo entender por qué no puedes parar" o "no vale la pena que te desgastes de esa manera" no solo no ayudaban, sino que me generaban más estrés.

Por otra parte, cuando me sentía agotada y acudía a mentores en mi camino buscando respuestas, a menudo recibía un "esto es lo que hay", o consejos basados en experiencias personales que justificaban sacrificar el bienestar personal, la salud y las relaciones para lograr objetivos profesionales. Estas personas, al igual que yo, habían normalizado darle duro al cuerpo para luego buscar respuestas externas para mitigar los efectos de no escucharlo en primer lugar: suplementos milagrosos, terapias, masajes, rutinas, etc.

Para liderar a otros es preciso liderarnos primero a nosotros mismos. Por eso, cuando Alejandra Gómez me invitó a participar en la tercera edición del diplomado Liderazgo Estratégico para Mujeres en el Sector Legal, quise traer a este espacio información que yo nunca recibí en formaciones de liderazgo y que ha sido fundamental para entender por qué reconectarme con el cuerpo es una de las herramientas de autoconocimiento, autogestión y autoliderazgo más poderosas que existen.

En este artículo me enfocaré en dos aspectos relacionados con el tema. El primero es la importancia de sentir nuestras emociones en el cuerpo y de cuestionar las creencias y modelos mentales que nos llevan a experimentar emociones de baja vibración. Como explicaré más adelante, sostenerse en estados emocionales de baja vibración disminuye la energía disponible para que nuestro cuerpo y mente estén sanos. En segundo lugar, compartiré algunas prácticas sencillas de reconexión con el cuerpo que permiten elevar nuestros niveles de energía y, por ende, mejorar nuestra salud física y mental, lo cual es esencial para liderarnos a nosotros mismos y a otros.

2.1. La Importancia de sentir nuestras emociones y cuestionar nuestros pensamientos

Varios factores impactan la capacidad de nuestra mente y cuerpo para funcionar adecuadamente. Cuando estudié la conexión mente-cuerpo, encontré un componente que había ignorado por completo en mi vida de abogada de firma y que hoy entiendo es fundamental para cambiar los patrones de comportamiento que afectan mi salud: la importancia de permitirme sentir mis emociones y de cuestionar los pensamientos y patrones mentales que provocan en mí emociones de baja vibración, como la ansiedad, el miedo y la culpa.

Hoy en día, el conocimiento científico nos ha permitido comprender que captamos información a través de nuestros sentidos, la cual es procesada por el cerebro. Este procesa esta información con diversos filtros. De acuerdo con estos filtros, atribuimos significados, hacemos suposiciones y tomamos decisiones. Alrededor del 95 % de nuestros pensamientos son inconscientes y, por ende, esos programas o filtros inconscientes determinan en gran medida nuestras acciones y reacciones frente a los estímulos externos (Kahneman, 2011; Wilson, 2002). Según Bargh y Chartrand (1999), los procesos automáticos e inconscientes juegan un papel crucial en el comportamiento humano, guiando nuestras respuestas sin que seamos plenamente conscientes de ello.

Dentro de esa información inconsciente se encuentran nuestras creencias, formadas por observaciones durante los primeros años de vida, así como información emocional y biológica que cargamos de nuestros ancestros[6]. El hecho de que cada individuo tenga filtros distintos a través de los cuales interpreta la información explica por qué, ante una situación idéntica, una persona puede ver dificultades, mientras que otra puede ver posibilidades.

Por lo anterior, si queremos cambiar nuestros patrones de comportamiento, es necesario cuestionar y transformar los filtros a través de los cuales procesamos la información.

Entendiendo el peso de la información inconsciente en nuestra conducta, para cambiar la forma en que nos comportamos de forma permanente y sostenida, es necesario tomar conciencia de la información inconsciente que sostiene nuestros patrones de comportamiento. De allí la famosa frase de Carl Jung, psiquiatra suizo y padre de la psicología analítica: "Hasta que lo inconsciente se haga consciente, seguirá dirigiendo tu vida y tú lo llamarás destino."

Pero, ¿cómo podemos modificar nuestros filtros inconscientes? Para resolver este interrogante, es útil entender un poco de física cuántica y del mundo de la energía.

La física cuántica estudia los fenómenos que rigen a las partículas más pequeñas en las que se puede descomponer la materia. Esta rama de la física ha explicado que todo en el universo, incluida nuestra materia, es energía. Una forma simplificada de entender esto es consideran-

6. Según Bert Hellinger, las dinámicas familiares pasadas y los conflictos no resueltos pueden influir en las creencias y comportamientos de las generaciones posteriores, mostrando cómo las lecciones y emociones se transmiten a través de la herencia (Hellinger 1995). Brigitte Champetier también destaca que la comprensión de la genealogía es esencial para desentrañar estos patrones y creencias que afectan nuestra vida cotidiana (Champetier 2004). Además, Mae-Wan Ho en *The Rainbow and the Worm* discute cómo nuestras experiencias y el entorno familiar impactan en nuestro desarrollo biológico y emocional, sugiriendo que las creencias pueden estar profundamente enraizadas en nuestra biología (Ho 1998).

do que, al descomponer la materia, las partículas más pequeñas están compuestas de cadenas de energía en forma de ondas y espacio vacío. Estas ondas tienen una frecuencia vibratoria. De ahí la famosa máxima de Nikola Tesla: "Si lo que quieres es encontrar los secretos del universo, piensa en términos de energía, frecuencia y vibración."

En el caso del cuerpo humano, la epigenética ha demostrado que la frecuencia de nuestras células determina nuestra salud. Si estas tienen una alta frecuencia vibratoria, funcionan eficientemente; por el contrario, si tienen una baja frecuencia, fallan en cumplir sus funciones, lo que puede dar como resultado una enfermedad. Por ello, un elemento clave para mantener una salud física y mental radica en elevar la frecuencia vibratoria de nuestras células (Lipton, 2005).

La frecuencia de nuestras células se ve profundamente influenciada por nuestras emociones. En los años noventa, el psiquiatra e investigador David R. Hawkins llevó a cabo estudios que midieron la energía de distintas emociones y estados de conciencia. Hawkins determinó que las emociones con baja vibración, como la ansiedad y el miedo, tienen un efecto perjudicial en nuestra salud. En contraste, emociones con alta vibración, como la gratitud y la alegría, facilitan que nuestro cuerpo y mente funcionen de manera óptima (Hawkins, 1995).

Lo anterior no quiere decir que sentir emociones de baja frecuencia vibratoria sea malo. Por el contrario, todas las emociones, incluidas las incómodas y de baja vibración, como la rabia, la culpa, la vergüenza y el miedo, tienen una función y un mensaje que es importante escuchar. De hecho, la ciencia ha demostrado que lo que genera un impacto negativo en la química de nuestro cuerpo es reprimir, suprimir y sobre identificarse con esas emociones. Estudios como los de Bessel van der Kolk (2014), Gabor Maté (2011) y David M. Miseli (2017) han mostrado cómo el estrés sostenido y el trauma provocan distorsiones en las señales que reciben nuestras células, lo que posteriormente se manifiesta en enfermedades físicas y mentales. En estos estudios también se ha demostrado cómo ciertos patrones de trauma se correlacionan con enfermedades especí-

Cuando finalmente me di un espacio de pausa, pasaron varias cosas. Por un lado, mis sistemas comenzaron a recibir señales de calma y no de estrés, lo cual hizo que la química interna de mi cuerpo empezara a cambiar. Las hormonas asociadas al estrés, como el cortisol, disminuyeron y, en su lugar, comenzaron a producirse más neurotransmisores como la oxitocina, la serotonina y las endorfinas, asociados a emociones de alta vibración como la felicidad.

En esos estados de calma y conexión con la naturaleza, mi sistema nervioso se sintió seguro para empezar a liberar información reprimida durante años. A través de distintas terapias y ejercicios de introspección, mi información inconsciente comenzó a emerger y pude confrontarla. Cuando finalmente me permití sentir mi dolor, las emociones de rabia, impotencia y resentimiento generadas por estos eventos se fueron transmutando en gratitud y perdón.

Los procesos que he realizado me han permitido comprender que esos eventos, que en su momento tuvieron una carga tan pesada y negativa, eran necesarios para mi evolución. A través de este trabajo, entendí cómo nuestros traumas personales y las historias que nos contamos sobre nosotros mismos y los demás afectan nuestro comportamiento. También comprobé que trabajar para hacer consciente esta información y liberarla cambia la frecuencia de nuestro sistema interno, lo que se siente en el cuerpo y produce cambios en la materia.

En mi caso empecé a notar que la ansiedad, los virus, la contracción muscular y los dolores de cabeza que antes eran constantes en mi vida comenzaron a disminuir. Además, cuando mi cuerpo empezó a funcionar correctamente y empecé a conectar más con las sensaciones corporales, me di cuenta de que podía observar con mayor curiosidad y menos juicio aquellas situaciones que me activaban botones emocionales, especialmente aquellas emociones incómodas que me costaba aceptar, como la ansiedad, la rabia y la tristeza. En la medida en que mi mente se volvía menos reactiva, mi cuerpo se sentía más liviano y emergían ideas que antes eran impensables.

Gracias a todo lo que he logrado comprender a nivel teórico y sentir a nivel corporal, hoy priorizo prácticas que me ayudan a mantener la mente y el cuerpo en estados de calma, como las que explicaré en la siguiente sección. Y cuando experimento emociones de baja vibración, me permito sentirlas plenamente y activo herramientas de introspección y cuestionamiento del pensamiento para identificar los patrones inconscientes que se están activando y reprogramarlos.

Las técnicas de introspección y cuestionamiento más efectivas que conozco, que aplico en mí y que utilizo en los distintos servicios que presto, son QLT y el trabajo con el genograma. La primera consiste en el cuestionamiento de situaciones que nos han robado la paz, que generan angustia o conflicto. Con esta metodología, a través de ciertas preguntas, se busca conectar con la información inconsciente que sostiene esos estados de guerra y ver otras posibilidades. Lo segundo consiste en el estudio del árbol familiar y las historias de los ancestros para encontrar patrones y lealtades que deban ser liberadas.

2.2. Prácticas de Reconexión con el Cuerpo

Ahora bien, así como nuestros pensamientos y creencias afectan nuestro cuerpo, la información que capta nuestro cuerpo a través de los sentidos también tiene la capacidad de afectar las respuestas de nuestros sistemas internos. Estas son cinco prácticas a través de las cuales es posible elevar la frecuencia de nuestras células conectando con el cuerpo:

1. La respiración: La práctica de ejercicios de respiración consciente, como la respiración diafragmática, ayuda a calmar el sistema nervioso y reducir el estrés. Al enfocarnos en nuestra respiración, promovemos una mayor oxigenación y facilitamos la eliminación de toxinas, lo que puede elevar la frecuencia vibratoria de nuestras células (Mahran, 2018).

2. La meditación: Meditar permite que la mente encuentre un espacio de calma y concentración. Según Nazareth Castellanos, esta práctica no solo reduce la ansiedad y el estrés, sino que también ayuda a regular las emociones, promoviendo una mayor conexión entre mente y cuerpo. Al meditar regularmente, se ha demostrado que podemos modificar nuestro estado energético y, por ende, elevar la frecuencia vibratoria de nuestras células (Castellanos, 2018).

3. Grounding o earthing: Esta práctica consiste en conectarse físicamente con la tierra, ya sea caminando descalzo sobre la hierba o la arena. La investigación muestra que el grounding puede reducir la inflamación, equilibrar el sistema nervioso y aumentar la energía. Al restablecer nuestra conexión con la tierra, se incrementa el flujo de electrones en nuestro cuerpo, lo que puede contribuir a elevar nuestra frecuencia vibratoria (Oschman, 2007).

4. Tapping: El tapping, también conocido como técnica de liberación emocional, combina la acupresión con la psicología. Según Dawson Church, esta práctica puede liberar bloqueos emocionales y físicos, reduciendo la ansiedad y el estrés. Al liberar emociones reprimidas, el tapping permite que nuestras células tengan una comunicación más efectiva entre sí, elevando así su frecuencia vibratoria (Church, 2018).

5. TRE (Tension and Trauma Releasing Exercises): Esta práctica, desarrollada por David Berceli, utiliza ejercicios específicos para liberar la tensión acumulada en el cuerpo. Al permitir que el cuerpo experimente la liberación de tensiones físicas y emocionales, se facilita el proceso de sanación. A través de TRE, se promueve un estado de bienestar general, elevando la frecuencia vibratoria de nuestras células al liberar emociones estancadas (Berceli, 2008).

3. Conclusión

Entender la relación mente-cuerpo, cuestionar mis modelos mentales e implementar prácticas de reconexión con el cuerpo y la naturaleza como las que he compartido en este artículo, me han permitido pasar de una vida en la que me sentía permanentemente estresada a una vida en la cual ya no priman la ansiedad, el miedo y la depresión sino la gratitud, la calma y la plenitud. Lo anterior me permite conectarme más fácilmente con mi verdadero propósito de vida. Espero que esta información le sea útil a quien la lea en su propio camino de autoliderazgo, a mí me hubiera gustado recibirla en los momentos en que me sentía tan abrumada.

Bibliografía

Bargh, John A., y Tanya L. Chartrand. 1999. "The Unintentional Life." American Psychologist 54 (3): 462-479.

Berceli, David. 2008. Shake It Off: Recovery from Trauma and Stress. CreateSpace Independent Publishing Platform.

Castellanos, Nazareth. 2018. El Espejo del Cerebro: Cómo entras en tu cabeza y te transformas. Ediciones Urano.

Champetier, Brigitte. 2004. Les Constellations Familiales: Vers une Thérapie de la Réconciliation. Éditions Almora.

Church, Dawson. 2018. The EFT Manual. Energy Psychology Press.

Hawkins, David R. 1995. Poder frente a la Fuerza: Los Determinantes Ocultos del Comportamiento Humano. Hay House.

Hellinger, Bert. 1995. Love's Hidden Symmetry: What Makes Love Work in Relationships. Zeig, Tucker & Theisen.

Ho, Mae-Wan. 1998. The Rainbow and the Worm: The Physics of Organisms. World Scientific Publishing.

Kahneman, Daniel. 2011. Thinking, Fast and Slow. Farrar, Straus and Giroux.

Kirkpatrick, Patricia, et al. 2020. "Mental Health and Wellbeing in the Legal Profession: A Review of the Literature." Journal of Law and Society 47 (1): 45-72.

LeDoux, Joseph. 1996. The Emotional Brain: The Mysterious Underpinnings of Emotional Life. Simon & Schuster.

Lipton, Bruce. 2005. La Biología de la Creencia: La Influencia de la Mente en el Cuerpo y el ADN. Ediciones B.

Mahran, Nasser. 2018. The Art of Breathing: A Guide to Stress Relief and Relaxation. CreateSpace Independent Publishing Platform.

Maté, Gabor. 2011. In the Realm of Hungry Ghosts: Close Encounters with Addiction. North Atlantic Books.

Miseli, David M. 2017. Trauma and Recovery: The Aftermath of Violence—from Domestic Abuse to Political Terror. Basic Books.

Oschman, James L. 2007. Energy Medicine: The Scientific Basis. Elsevier.

Rojas Estapé, Marian. 2020. Persona Vitamina: Cómo encontrar tu mejor versión. Ediciones Urano.

van der Kolk, Bessel A. 2014. The Body Keeps the Score: Brain, Mind, and Body in the Healing of Trauma. Viking.

Wilson, Timothy D. 2002. Strangers to Ourselves: Discovering the Adaptive Unconscious. Harvard University Press.

IBA. 2020. "Mental Wellbeing in the Legal Profession: A Global Study." https://www.ibanet.org/document?id=IBA-report-Mental-Wellbeing-in-the-Legal-Profession-A-Global-Study.

Creación de plan de carrera y continuación del desarrollo profesional a la luz de la inteligencia artificial (IA)

Almudena Carneros

1. Introducción

Este capítulo se corresponde con la conferencia de cierre del curso Liderazgo Estratégico para Mujeres en el Sector Legal, y se centra en la creación de un plan de carrera y el desarrollo profesional continuo, especialmente a la luz de la Inteligencia Artificial (IA).

A lo largo de este capítulo descubrirás se abordan diversas estrategias y herramientas que pueden ayudar a las profesionales del sector jurídico a introducirse, cambiar y avanzar en sus carreras profesionales, y seguir siendo competitivas en el exigente y cambiante mercado laboral actual.

2. Reflexiones Iniciales

Antes de adentrarnos en los detalles específicos, es importante reflexionar sobre algunas preguntas clave que pueden guiar tu desarrollo profesional:

1. ¿Cómo sientes que es tu plan de carrera? ¿Cómo te gustaría que fuese?
2. ¿Qué recursos adicionales crees que necesitas para seguir creciendo?
3. ¿Crees que estás alineada con tu trabajo? ¿Colma tus expectativas?

4. ¿Tienes preguntas acerca de tu plan de carrera?
5. ¿Has establecido entrevistas informales con tus superiores o mentores?

Estas preguntas te ayudarán a evaluar tu situación actual y a identificar áreas de mejora y crecimiento.

Ahora quiero trasladarte que la IA es una herramienta poderosísima para ayudarte a abordar las cuestiones anteriores y a encontrar soluciones que den respuesta a tus necesidades, en función de cuáles hayan sido tus respuestas.

Déjame descubrirte, a grandes rasgos, cómo te puede ayudar la IA en tu carrera:

1. **Asistencia con currículum/carta de presentación:** La IA puede proporcionarte orientación y sugerencias para mejorar tu currículum y carta de presentación. Puedes pedir consejos sobre el formato, el contenido y las palabras clave para destacar tu solicitud.
2. **Consejos profesionales:** La IA puede ofrecer consejos generales sobre la carrera profesional, como sugerir áreas o roles que se alineen con tus habilidades e intereses. También puede brindarte información sobre trayectorias profesionales y las cualificaciones requeridas para crecer y encontrar nuevas oportunidades.
3. **Estrategias de búsqueda de empleo**: La IA puede proporcionar estrategias efectivas para la búsqueda de empleo, como identificar oportunidades relevantes en el mercado laboral o explorar recursos en línea. También puede ofrecer consejos prácticos sobre cómo crear búsquedas efectivas y utilizar recursos en línea. Y, no menos importante, realizar análisis de *benchmarking* salarial a la hora de anclar una petición de salario o negociar una promoción.

4. **Perspectivas del sector:** La IA puede proporcionar información sobre tendencias actuales del mercado laboral, habilidades demandadas y certificaciones específicas del sector. Te ayudará a mantenerte actualizada sobre tecnologías relevantes y cambios en tu área o sector profesional.

El texto anterior se ha generado con IA, ¿entiendes ahora la extensión de su potencial?

3. ¿Cómo puede ayudarme la IA con la inserción en el mercado laboral/cambio de trabajo?

Análisis de datos y tendencias:

La IA puede ayudarte a entender qué áreas del derecho están en crecimiento y cuáles tienen una mayor demanda de profesionales.

Identificación de oportunidades

La IA puede analizar tu perfil y sugerirte de manera personalizada áreas o roles que podrían ser una buena opción para ti. Esto es especialmente útil si estás considerando un cambio de carrera o si no estás segura de cuál es el siguiente paso en tu trayectoria profesional.

Desarrollo de habilidades

Además de identificar oportunidades, la IA puede recomendar cursos y certificaciones que te ayuden a desarrollar las habilidades necesarias para avanzar en tu carrera. Plataformas como edX, Coursera y LinkedIn Learning ofrecen una amplia variedad de cursos *online* que pueden ayudarte a mejorar tus competencias.

Recursos de formación continua	
edX	· 2,000+ cursos de aprendizaje en línea a través de Harvard, MIT y más de 140 otras instituciones en todo el mundo. · Cursos de certificación gratuitos.
LinkedIn Learning	· 13,000+ videos de capacitación en línea de expertos en una amplia gama de profesiones. · Prueba gratuita de un mes.
Coursera	· 1,000+ cursos de certificación en una amplia variedad de temas. · Membresía gratuita.
Udemy	· 90,000+ cursos de entrenadores con experiencia en algunas de las universidades más grandes del mundo. · Membresía gratuita.
Future-Learn	· Plataforma de aprendizaje social que se asoció con las mejores universidades. · Cursos gratuitos.
TedEx	· Colección online de videos de inspiracionales sobre un gran número de temas. · Videos gratuitos. · Membresía gratuita.

Ejemplos Prácticos

Objetivo	Pregunta a la IA
Sugerencias de carrera	¿Qué áreas o roles se alinean con mi formación, habilidades e intereses?
Trayectoria profesional	¿Cuáles son las trayectorias profesionales típicas para alguien con mi experiencia y habilidades?

Anuncia tu graduación en LinkedIn	Escribe una publicación para LinkedIn anunciando que me he graduado de la <universidad> con el título de derecho/maestría y estoy buscando oportunidades laborales.
Entrevista informativa	Escribe un correo a Sofia Vargas, una abogada penalista, para pedirle una entrevista informativa y aprender más sobre su trabajo en la firma.
Entrevista informativa	Qué escribir al Sr. Smith, un abogado especialista en contratación internacional, para pedirle una entrevista informativa y conocer más sobre lo que hace su equipo legal en la compañía.
Entrevista informativa	Escribe una nota de agradecimiento a Jim Smith, quien te orientó acerca de la abogacía *in-house*. Pregunta si podría referirte para oportunidades laborales.

Estudio del caso: Laura, la abogada que se especializó en ciberseguridad

Laura es una abogada que, en sus ratos libres, ha empezado a interesarse por el desarrollo de software y el desarrollo web. Con la ayuda de la IA, Laura pudo identificar oportunidades en el sector de la ciberseguridad, una industria en crecimiento con alta demanda de profesionales jurídicos. La IA le recomendó certificaciones en ciberseguridad y cursos en técnicas de hacking ético. Después de completar estos cursos, Laura fue capaz de aplicar a puestos en los que se necesitaba un abogado especialista en ciberseguridad y finalmente consiguió un trabajo en una empresa de seguridad informática.

Tendencias del mercado laboral

La IA puede proporcionar información sobre tendencias actuales del mercado laboral, habilidades demandadas y certificaciones específicas del sector. Te ayudará a mantenerte actualizada sobre tecnologías relevantes y cambios en tu área o sector profesional.

Análisis de tendencias

La IA puede analizar grandes volúmenes de datos para identificar tendencias en el mercado laboral. Esto incluye la demanda de ciertas habilidades, cambios en las diferentes industrias y oportunidades emergentes.

Certificaciones y habilidades

Además de identificar tendencias, la IA puede recomendar certificaciones y habilidades que son altamente valoradas en el sector jurídico. Esto te permitirá mantenerte competitiva y relevante en el mercado laboral.

Ejemplos Prácticos

Objetivo	Pregunta a la IA
Tendencias del mercado	¿Cuáles son las tendencias actuales en el mercado laboral de mi sector?
Habilidades demandadas	¿Qué habilidades son más demandadas en mi sector?
Certificaciones recomendadas	¿Qué certificaciones me recomiendas para mejorar mi perfil profesional?

Estudio del caso: Julia, la abogada especialista en IA

Julia es una abogada que busca ser competitiva en el mundo del derecho. Con la ayuda de la IA, Julia ha podido identificar que la demanda de habilidades en IA estaba en aumento, concretamente los retos jurídicos que la misma plantea. La IA le recomendó cursos y certificaciones en estas áreas, que le ayudaron a adquirir nuevas habilidades y a ampliar el uso de la IA en su día a día y destacarse como una abogada especialista en un sector tan novedoso y en constante avance como este. Después de completar estos cursos, Julia decidió aplicar a puestos en empresas de tecnología líderes y finalmente consiguió un trabajo en una empresa de IA.

4. ¿Cómo preparar con IA un currículum que capte la atención de los reclutadores?

La importancia de un buen currículum

Un currículum bien elaborado es esencial para captar la atención de los *recruiters* y *headhunters*. La IA puede proporcionar orientación y sugerencias para mejorar tu currículum y carta de presentación. Puedes pedir consejos sobre el formato, el contenido y las palabras clave para destacar en tu solicitud.

Formato y Contenido

¡Haz que tu currículum brille! El formato de tu currículum debe ser impactante, pero a la vez claro y fácil de leer. Utiliza una estructura que destaque tus habilidades y experiencias más relevantes. La IA puede ayudarte a elegir el formato adecuado y a organizar la información de manera efectiva.

Distintos modelos

La IA te puede ayudar a generar distintos modelos según el sector o empresa a la que quieras acceder. Utilízala para afinar tu currículum de acuerdo al contexto en el que estés aplicando. Alimenta la máquina para que se adapte a tu perfil lo máximo posible. Recuerda que los currículums estándar o despersonalizados tienen pocas posibilidades de éxito. Un currículum que destaca es aquel redactado justo para el puesto al que te estás postulando.

Palabras Clave

Las palabras clave son cruciales para que tu currículum pase los filtros automatizados de los sistemas de seguimiento de candidatos (ATS: *Applicant Tracking System*). La IA puede sugerir palabras clave específicas para el puesto al que estás aplicando, asegurando que tu currículum sea visto por los *recruiters* de tu interés.

Ejemplos Prácticos

Objetivo	Pregunta a la IA
Uso de palabras clave	¿Cuáles son las palabras clave que debo usar en mi currículum para un puesto de abogado *in house* en una empresa del sector de las materias primas en <país>?
Uso de palabras clave	¿Cuáles son las palabras clave que debo usar en mi perfil de LinkedIn para el puesto de abogada especialista en software en una empresa de IT conectada con una universidad?
Personalización del currículum	Personaliza mi currículum para esta descripción del trabajo. Aquí está la descripción (pega el texto/descripción del trabajo).
Personalización del currículum	Elabora una lista de logros con *bullet points* para mi currículum.
Carta de presentación	Elabora una carta de presentación para esta posición. Abajo tienes la descripción del puesto y mi currículum.
Pide referencias	Escribe un email solicitando una recomendación a través de LinkedIn. Trabajé con esta persona durante 3 años en la <compañía> como <puesto> y esta persona era mi manager. Aquí tienes un texto que me gustaría que mejorases.
Nota de agradecimiento tras la referencia	Escribe una nota de agradecimiento para un ex jefe que me ha escrito una recomendación a través de LinkedIn.

Estudio del caso: Andrea, la abogada en transición de carrera

Andrea es una abogada especializada en derecho urbanístico que decidió hacer una transición de carrera hacia el sector de la energía renovable. Con la ayuda de la IA, Andrea pudo adaptar su currículum para resaltar las habilidades que podía transferir de un sector a otro y su experiencia en proyectos de sostenibilidad. La IA también le proporcionó ejemplos de cartas de presentación que le ayudaron a comunicar su pasión por los planes urbanísticos centrados en la promoción de la energía renovable y su deseo de contribuir al sector. Como resultado, Andrea captó la atención de varios reclutadores y finalmente consiguió un puesto como abogada interna en una empresa de energía solar.

5. El uso de la IA para detectar oportunidades laborales y postularse como la mejor candidata

Identificación de oportunidades

La IA puede proporcionar estrategias efectivas para la búsqueda de empleo, como identificar oportunidades relevantes en el mercado laboral o explorar recursos *online*. También puede ofrecer consejos prácticos sobre cómo crear búsquedas efectivas y utilizar esos recursos *online*.

Creación de búsquedas efectivas

La IA puede ayudarte a crear búsquedas de empleo más efectivas utilizando palabras clave y filtros específicos. Esto te permitirá encontrar oportunidades que se alineen mejor con tus habilidades y experiencia.

Utilización de recursos *online*

Existen numerosos recursos *online* que pueden ayudarte en tu búsqueda de empleo. La IA puede recomendarte sitios web y plataformas específicas donde puedes encontrar ofertas de trabajo relevantes.

Objetivo	Pregunta a la IA
Estrategias de búsqueda	¿Cómo puedo crear búsquedas de empleo más efectivas considerando mi experiencia y perfil profesional, y el área del derecho a la que me gustaría dedicarme?
Recursos *online*	¿Qué sitios web y plataformas me recomiendas para buscar empleo en el sector de la abogacía en <país>?
Identificación de oportunidades	¿Cuáles son las oportunidades laborales en el <sector jurídico> más relevantes para mi perfil?
Conexión	¿A qué asociaciones profesionales en <país> debería unirse un abogado especialista en derecho fiscal?
Conexión	¿Qué aplicaciones de redes de contactos profesionales se utilizan en <país>, además de LinkedIn?
Dónde aplicar	¿Cuáles son las cinco mayores firmas de abogados del <país>?
Dónde aplicar	¿Cuáles son las mejores empresas del <país> para trabajar si soy abogada mercantilista?
Dónde aplicar	¿Dónde puedo encontrar posiciones abiertas para la <empresa>?

Estudio del caso: María, la abogada en búsqueda de nuevas oportunidades

María es una abogada con cinco años de experiencia en derecho corporativo. Recientemente, decidió buscar nuevas oportunidades en el sector de las tecnologías de la información (IT). Utilizando herramientas de IA, María pudo identificar las palabras clave más relevantes para su currículum y carta de presentación. Además, la IA le sugirió un formato de currículum que destacaba sus habilidades técnicas y su experiencia en proyectos de IT.

Visibilidad y conexión

La IA puede ayudarte a detectar oportunidades laborales y a postularte como el mejor candidato. Esto incluye la redacción de publicaciones en LinkedIn, correos electrónicos para entrevistas informativas y notas de agradecimiento, así como la personalización de tu currículum y carta de presentación.

Publicaciones en LinkedIn

Las publicaciones en LinkedIn pueden aumentar tu visibilidad y ayudarte a conectar con profesionales de tu industria. La IA puede sugerir el contenido y el formato de tus publicaciones para maximizar su impacto.

Correos electrónicos y notas de agradecimiento

La comunicación efectiva es clave en la búsqueda de empleo. La IA puede ayudarte a redactar correos electrónicos y notas de agradecimiento que destaquen tus habilidades y experiencias, y que te ayuden a establecer conexiones valiosas.

Ejemplos Prácticos

Objetivo	**Pregunta a la IA**
Visibilidad	¿Cómo puedo obtener la mayor cantidad de vistas en mi publicación de LinkedIn?
Visibilidad	Escribe un post "Sobre mí" para mi perfil de LinkedIn utilizando el siguiente texto.

Correo de contacto inicial	Escribe un mensaje en LinkedIn a un reclutador para un puesto de abogado junior en <firma> en <ciudad>, <país>.
Correo de seguimiento si no hay respuesta	Escribe un correo de seguimiento a un reclutador para un puesto de abogado junior en <firma> en <ciudad>, <país> que no ha respondido a mi primer contacto por correo electrónico.
Carta de presentación	Escribe una carta de presentación para este trabajo. A continuación, se muestra la descripción del trabajo y mi CV.
Nota de agradecimiento después de la entrevista	Escribe una nota de agradecimiento relativa a una entrevista para un puesto de abogado junior en <firma>. Incluye mencionar mi interés en otras posiciones abiertas si han rechazado mi solicitud de empleo y preguntar por otras oportunidades.
Correo aceptando la oferta de trabajo	Escribe un correo de seguimiento diciendo que acepto la oferta después de que me hayan ofrecido el puesto de abogado junior.

Estudio del caso: Elena, la consultora de negocios

Elena es una abogada que ha desarrollado su carrera como consultora de negocios y ahora busca nuevas oportunidades en el sector de la consultoría estratégica. Utilizando la IA, Elena pudo identificar las palabras clave más relevantes para sus publicaciones en LinkedIn y crear contenido que atrajera la atención de los reclutadores. La IA también le ayudó a redactar correos electrónicos personalizados para solicitar entrevistas informativas y notas de agradecimiento después de las entrevistas. Gracias a estas estrategias, Elena consiguió varias entrevistas y finalmente obtuvo un puesto en una firma de consultoría estratégica.

6. Seguimiento y crecimiento interno en la organización valiéndose de la IA

Generación y mejora de relaciones profesionales

El seguimiento y el crecimiento interno en la organización son cruciales para el desarrollo profesional. Esto incluye establecer nuevas mentorías, participar en eventos de networking, y aprovechar recursos de formación continua como edX, LinkedIn Learning, Coursera, Udemy, FutureLearn y TedEx.

Ejemplos Prácticos

Objetivo	Pregunta a la IA
¿Cómo te puede ayudar la IA a distinguirte en tu lugar de trabajo? **Plantéale las siguientes cuestiones.** **¡Y siempre dale contexto!**	¿Cómo puedo causar la mejor primera impresión en un nuevo trabajo?
	¿Cuáles son las características de los empleados que se distinguen en el lugar de trabajo?
	¿Cómo puedo conectar con mis compañeros en un nuevo trabajo?
	¿Cómo puedo hacer una gran presentación en el trabajo?
	¿Cómo y cuándo debo pedir un aumento en el trabajo?
	Ayúdame a preparar mis KPIs para el puesto específico que ocupo en mi organización.
	Ayúdame con la elaboración de mi plan de carrera o PDP (*personal Development plan*).

Identificación de mentores y establecimiento de mentorías

Identificar y establecer relaciones con mentores puede ser una parte fundamental de tu desarrollo profesional. La IA puede ayudarte a identificar posibles mentores y a redactar invitaciones a tu red y correos electrónicos para solicitar una mentoría.

Identifica uno o dos profesionales en quienes confíes para que sean tus nuevos mentores. Para solicitar que una de tus conexiones profesionales se convierta en tu mentor, envía un correo electrónico profesional similar al que enviarías para solicitar una entrevista de trabajo.

Personaliza tu mensaje e incluye lo siguiente:

1. Explica los aspectos de su trayectoria profesional que te llevaron a elegirlos como tus nuevos mentores.
2. Aclara qué esperas obtener o cómo te beneficiarás de su mentoría.
3. Agradece sinceramente que se tomen el tiempo para considerar tu solicitud.
4. Asegúrate de hacer seguimiento con ellos una semana después de enviar tu comunicación inicial.

Participación en eventos de *networking*

Estos eventos son oportunidades para conocer a otros profesionales en tu campo, intercambiar ideas y establecer conexiones que pueden ser valiosas para tu carrera. Participar en eventos de *networking* te permitirá conocer a otros profesionales de tu industria y establecer conexiones valiosas. La IA puede recomendarte eventos y conferencias relevantes para tu carrera.

Ejemplos Prácticos

Objetivo	**Pregunta a la IA**
Solicitar Mentoría	Escribe un correo electrónico solicitando la mentoría de un profesional en tu industria.
Eventos de *networking*	¿Qué eventos de *networking* me recomiendas para mi sector?
Correo de contacto inicial	Escribe un mensaje en LinkedIn a un reclutador para un puesto de abogado junior en <firma> en <ciudad>, <país>.

Otras opciones de desarrollo profesional

1. **Trabajo de voluntariado**: El voluntariado no solo te permite contribuir a una causa que te importa, sino que también te ayuda a desarrollar habilidades profesionales, ampliar tu red de contactos y ganar experiencia relevante
2. **Entrevistas informativas**: Estas entrevistas son conversaciones con profesionales en tu campo de interés para aprender más sobre sus roles, las empresas en las que trabajan y las tendencias de la industria. Son una excelente manera de obtener información valiosa y establecer conexiones.
3. **Conferencias**: Asistir a conferencias te permite escuchar a expertos en tu campo, aprender sobre las últimas investigaciones y tendencias, y hacer *networking* con otros asistentes. Son una gran fuente de inspiración y conocimiento.
4. **Seminarios:** Los seminarios son sesiones educativas más pequeñas y enfocadas que te permiten profundizar en temas específicos. Ofrecen la oportunidad de interactuar directamente con los presentadores y otros participantes.

5. **Programas de formación**: Estos programas están diseñados para mejorar tus habilidades y conocimientos en áreas específicas. Pueden ser cursos *online*, talleres presenciales o programas para obtener una certificación.
6. **Talleres**: Los talleres son sesiones prácticas donde puedes aprender nuevas habilidades o mejorar las que ya tienes. Suelen ser interactivos y te permiten aplicar lo que aprendes de inmediato.
7. **Organizaciones profesionales**: Unirte a organizaciones profesionales te da acceso a recursos exclusivos, eventos de *networking*, oportunidades de desarrollo profesional y una comunidad de colegas en tu campo.
8. **Acompañamiento de profesionales en el trabajo**: También conocido como *job shadowing*, esta práctica implica observar a un profesional en su entorno laboral para aprender sobre su trabajo diario y las habilidades necesarias para su rol.
9. **Presentaciones**: Dar (o asistir a) presentaciones en tu campo te permite compartir tu conocimiento y experiencia, mejorar tus habilidades de comunicación y establecerte como un experto en tu área.

Estudio del caso: Marta, la abogada especialista en recursos humanos

Marta es una abogada especializada en la gestión de recursos humanos que constantemente, dadas las demandas de su puesto, busca mantenerse actualizada sobre las tendencias del mercado laboral. Utilizando la IA, Marta ha podido identificar que la demanda de habilidades en gestión de talento y análisis de datos estaba en aumento. La IA también le recomendó certificaciones en análisis de datos y gestión de talento, que le ayudaron a mejorar su perfil profesional. Gracias a estas recomendaciones, Marta pudo implementar nuevas estrategias en su organización y avanzar en su carrera.

7. Creación y desarrollo de una red profesional sólida con el apoyo de la IA

Establecimiento de conexiones profesionales

Establecer y desarrollar una red profesional sólida es fundamental para el éxito en tu carrera. Utiliza la IA para preparar mensajes personalizados y enviar solicitudes de recomendaciones a tus contactos. Sigue a grupos y páginas profesionales para entablar nuevas conexiones profesionales.

1. No dudes en conectarte con personas. Se espera que lo hagas, y todos los que tienen éxito en su vida profesional lo hacen.
2. No todos aceptarán tu invitación para conectarse. No dejes que eso te detenga; es un juego de estadística y no es algo personal.
3. Utiliza la barra de búsqueda en la parte superior de tu página de inicio de LinkedIn para buscar conexiones.
    - Cualquier persona que trabaje en empresas donde quieras aplicar.
    - Estudiantes actuales y anteriores de la universidad a la que asististe.
    - Colegas de trabajo actuales y anteriores.
    - Personas en grupos profesionales.
    - Personas con intereses comunes en temas no laborales.
    - Establece como objetivo alcanzar 500 conexiones al año.

Personalización de mensajes

La personalización de mensajes es clave para establecer conexiones profesionales efectivas. La IA puede ayudarte a redactar mensajes personalizados que destaquen tus habilidades y experiencias, y que te ayuden a establecer relaciones valiosas.

Solicitud de recomendaciones

Las recomendaciones profesionales pueden añadir credibilidad a tu perfil y ayudarte a destacar en el mercado laboral.

1. Solicita recomendaciones por escrito (usa la IA) sobre tus experiencias profesionales, logros y habilidades a anteriores *managers*, colegas y otras conexiones que te conozcan lo suficiente como para hacer una recomendación.
2. Envía una solicitud a través de LinkedIn para que tus conexiones profesionales escriban reseñas breves sobre tu trabajo/habilidades.
3. Pide recomendaciones a colegas que puedan resaltar tus habilidades clave y logros.
4. Las recomendaciones añaden credibilidad al trabajo y las habilidades que figuran en tu currículum. Enlaza estas referencias en tu currículum.

No olvides que la IA puede ayudarte a redactar solicitudes de recomendaciones y a enviar mensajes de agradecimiento a tus contactos personalizados. ¡Siempre da contexto!

Ejemplos prácticos

Objetivo	Pregunta a la IA
Mensajes personalizados	¿Cómo puedo personalizar mis mensajes para establecer conexiones profesionales efectivas?
Solicitudes de recomendaciones	Escribe un mensaje solicitando una recomendación profesional a través de LinkedIn.
Seguimiento de conexiones	¿Cómo puedo hacer seguimiento de mis conexiones profesionales de manera efectiva?

Estudio del caso: Clara, la especialista en fiscalidad internacional

Clara es una abogada especialista en fiscalidad internacional que busca expandir su red profesional y adquirir nuevos clientes más allá de sus fronteras. Utilizando la IA, Clara pudo identificar a varios profesionales en su área de especialización fuera de su jurisdicción y redactar mensajes personalizados en otros idiomas para establecer conexiones. La IA también le ayudó a solicitar recomendaciones profesionales y a enviar mensajes de agradecimiento a sus contactos. Gracias a estas estrategias, Clara pudo establecer una red profesional internacional sólida, que le ayudó a avanzar en su carrera.

8. Conclusión

El desarrollo profesional es un proceso continuo que requiere dedicación y esfuerzo. Utilizar herramientas de IA puede ayudarte a identificar oportunidades, mejorar tus habilidades y establecer conexiones valiosas. Desde la creación de un currículum efectivo hasta el establecimiento de una red profesional sólida, la IA puede ser una aliada valiosa en tu desarrollo profesional. Recuerda que el éxito en tu carrera depende de tu capacidad para adaptarte a los cambios y seguir aprendiendo, y ello incluye el manejo efectivo de herramientas de IA.

Próximos Pasos

1. **Evalúa tu Plan de Carrera**: Reflexiona sobre tu situación actual y establece metas claras para tu desarrollo profesional.
2. **Utiliza Herramientas de IA**: Aprovecha las herramientas de IA para mejorar tu currículum, identificar oportunidades y desarrollar tus habilidades.

3. **Establece Conexiones Profesionales**: Utiliza la IA para establecer y mantener una red profesional sólida.
4. **Sigue Aprendiendo**: Participa en eventos de *networking,* cursos en línea y recursos de formación continua para seguir desarrollando tus habilidades.

Construcción de la marca personal en el sector legal

Katherine Jaramillo Caicedo

La marca personal como un activo generador de riqueza

La marca personal es un activo que todas poseemos. No solemos pensar en nosotras mismas y en la forma como ejercemos nuestra profesión, como el principal activo de generación de riqueza en todos los frentes, en todos los sentidos. Lo genuino y lo auténtico de cada una de nosotras se valoriza de forma incontenible.

Si realizáramos un inventario de nuestra marca personal a hoy, podríamos pensar en al menos cinco características que hacen que ella sea muy valiosa, lo que nos obliga a hacer previamente, un ejercicio de merecimiento, reconocimiento y gratitud por eso que, si tenemos, por aquéllos que si están y por esos logros que algún momento eran apenas un sueño.

La marca personal debe estar guiada por la premisa de <u>cuánto más podemos ayudar a los demás</u>. Para ello, el mensaje que logremos dejar debe transmitir algún tipo de valor adicional y perdurable en la vida de aquéllos que llegan a nosotros en alguno o algunos de los ámbitos desde los que elijamos desplegar nuestra profesión.

Si a ese ejercicio adicionáramos el de pensar en cada una de nosotras en nuestra mejor versión – siendo ya una muy buena versión -, con capacidad de crear un concepto de coherencia y credibilidad, descubriríamos que exactamente ese activo, es mucho más poderoso que cualquier otro que poseamos dentro de nuestro patrimonio, pues es exponencial y tiene la capacidad de hacer que te promuevas en cualquier lugar.

Lo interesante y maravilloso es que siempre podemos estar sumándonos características para alcanzar esa potencialidad: disciplina, confianza, hábitos, espiritualidad, efectividad, creatividad, etc. Ello requiere una decisión sostenida de trabajar en nuestro "mantenimiento personal", un ambiente, un círculo de personas que fomenten esas habilidades, con la decisión intencional de valorizar esa marca personal, aquélla en la que no hay competencia, pues el camino del crecimiento personal es único, sin exigir tropezar el camino de nadie.

Ello nos puede llevar a preguntarnos, ¿de uno a cien, que tanto valor aportamos en donde desarrollamos nuestra profesión?, porque ese valor no agregado, no es problema para quien trabajamos, sino para nuestra propia marca.

Como habrás notado hasta aquí la marca personal está compuesta o lleva implícito lo que somos y lo que reflejamos a los de nuestro entorno, en otras palabras, la forma como nos posicionamos y nos damos a conocer, esto es, las respuestas sociales que emitimos y en el fondo, la forma en que gestionamos lo que sentimos y pensamos en las diferentes situaciones de la vida laboral y la vida cotidiana.

En resumen, la marca la crees y creas para ti, es lo que te identifica como persona y como profesional. Después la expandes y comprendes que el ser te genera y te monetiza.

Construye tu marca personal

Hay mucho que llevamos con nosotros. Hay mucho de aquello que nos mantiene de pie, que enaltecemos o que dejamos atrás. Cambiamos regularmente los mapas y las rutas y a veces parece que los pasos intermedios no contaran; hay muchas voces internas pidiéndonos hacer todo lo posible por ser valientes en este mundo y con ellas suelen multiplicarse todas las que nos recriminan las veces que fallamos en ese intento. Mi consejo: Siempre bajo cualquier circunstancia tendrás luz propia, algo único y esencial, tu marca personal, algo que merece ser protegido.

En el camino de construcción de tu marca personal, vale la pena preguntarse:

¿Utilizas tu marca personal para ser inspiración de otros? ¿Qué o quien te inspira?

¿Qué simboliza tu marca personal?

¿Cuál es el código o los códigos con los que has decidido vivir?

¿Qué herramientas utilizas para mantener el equilibrio o para coexistir en tiempos de incertidumbre? ¿Cómo te apoyas en ellas en momentos de caos?

¿Qué propósito o propósitos te mantienen de pie?

¿Qué enalteces?

¿Qué has dejado atrás?

¿Aceptas que tus experiencias te hacen ser quien eres y permites que tu historia conecte con la de los demás?

¿Qué palancas activas diariamente para salir adelante?

¿Qué hábitos te mantienen centrada en tus propósitos?

¿Qué hábitos te causan ansiedad o alimentan tus inseguridades?

¿En qué y cómo depositas tu fe?

¿Expresas en voz alta tus mayores esperanzas?

¿Cuándo pocas cosas son fiables en la vida a qué recurres?

¿Cómo localizas las convicciones que pierdes ante una circunstancia difícil?

¿Cómo logras equilibrio en esas constantes de la vida que nos suelen hacen sentir con fuerza y desbastadas a la vez?

¿Qué te hace conservar tu energía, entusiasmo o fervor?

¿Cómo descodificas tus miedos? ¿Cómo distingues si el miedo te paraliza o te protege?

¿Comienzas tus días con gestos amables para ti? ¿Qué ves primero, qué escoges reconocerte?

¿Tienes la convicción de estar a la altura? ¿De ser lo suficientemente buena? ¿Qué das por cierto de ti misma? ¿Escuchas mensajes que te hacen sentir que no tienes derecho a lo que has logrado?

¿Qué historias y opiniones cuestionas?

¿Tienes amigos salvavidas para las pendientes que la vida te obliga a escalar?

¿Cómo cruzas las líneas de los obstáculos para proteger tus sueños?

¿Eliges tus batallas y la energía que quieres invertir en ellas?

¿Haces algo constructivo con tus emociones?

¿Quién eres y quien quieres ser?

"Dar" como parte de mi marca personal

Hay un mantra con el que he decidido vivir: "**El verdadero crecimiento comienza con la alegría que siento al verme a mí misma**"[1]. Por supuesto no es fácil "comenzar de buenas" un día, no solo porque por la gracia de la vida cada mañana es una oportunidad diferente, sino porque somos nuestras mayores juzgadoras y críticas.

El famoso ejercicio del "espejo" de la escritora Louise Hay es todo un reto, pararte delante de él, olvidar las críticas de los demás y tus diálogos interiores negativos para mirarte a los ojos y recordarte que eres tu

1. "Con luz propia" Michelle Obama – Vencer en tiempos de incertidumbre, Plaza Janes.

primer y más grande amor, produce grandes resultados solo sí estamos dispuestas a trabajar en ello.

Hace más de una década que tuve el privilegio de ir a la Universidad. Una institución que nos sobrevivirá a todos. Llevaba una bandeja repleta de esperanzas y de miedos. También un mensaje implícito de todos los que habían volcado sus esfuerzos para que yo estuviera ahí y que decía algo así como: puedes lograrlo y serás lo suficientemente buena en lo que elegiste.

Mamá que nunca tuvo la oportunidad de ir a una Universidad ni de terminar su secundaria no tenía limitaciones para soñar que eso que ella no había visto, pudiera ser visualizado por mí. Habíamos vivido gran parte de mi vida en casa de mi abuela paterna, en una casa algo inhabitable con muchas familias más y múltiples limitaciones.

Me habían retirado del colegio porque mis padres no tenían cómo pagarlo y posteriormente mamá había logrado conseguir un trabajo con el salario mínimo con el que pudo llevarme a uno en el que cursé los últimos dos años de bachillerato. Esa experiencia me daría una lección de vida: Era mi obligación descomponer mis miedos, descodificarlos, era una experiencia nueva que no podía sobrepasarme. Gratitud por eso que sí tenía sin quejas por aquello que pudiera faltar. Ahora puede resultar sencillo, pero en ese momento sentía miedo por ser nueva, por ser una niña educada en un colegio femenino y religioso e ir a uno mixto donde llegaban muchos alumnos expulsados de sus instituciones escolares, un colegio sin la rigidez de las normas a las que estaba acostumbrada y donde tu voz era mucho más escuchada y tu libertad menos custodiada.

Hoy en retrospectiva también encuentro otro gran aprendizaje de esa experiencia: la vida siempre promete ser mejor y todo pasa para tu mayor bien. En ese colegio conocí a uno de los amores de mi vida: mi esposo, el padre de mi más extraordinario imán de ternura y amor: mi hijo Samuel.

Soy abogada igual que muchas de ustedes y he querido que mi profesión encienda una luz en mí y trato de cerciorarme que ella pueda de alguna manera ser inspiración. Ello me exige mirarme al espejo cada día y responder sinceramente si siento alegría por lo que soy.

Soy consciente de que muchas situaciones no hacen más vulnerables, nos dejan más desprotegidas. He transitado esos lugares donde han colocado mi hoja de vida en una papelera después de que han indagado si tengo un hijo menor -para esa época- a los tres años de edad. He echado mano de mis acuerdos tácitos, de los códigos con los que he decidido vivir y que me recuerdan que puedo levantarme y seguir adelante. Acuerdos que te empujan a saber que, ante la adversidad, descodificas y continúas porque todo estará bien.

He dedicado casi toda mi vida profesional al servicio de la Rama Judicial del Poder Público y después de las fases legales provistas para ello, logré un nombramiento en propiedad como Juez de la República de Colombia. ¡Si! Colombia, este pedacito de cielo presente en la tribuna de cada una de nuestras vidas.

Ser Juez hizo su tarea en la construcción de mi marca personal. Ejercer como tal me hizo habitar con orgullo mi inteligencia y enaltecer la prerrogativa de hacer el bien solo porque es valioso, solo porque alguien más respetará lo que decidas y ello te obliga hacer lo justo, lo honesto, lo correcto.

Mantenerme de pie en ese cargo no resultó fácil. Seguir un mapa distinto tampoco. La ruta indicaba ejercerlo y ser madre a la vez. Terminé por aceptar que mi experiencia podía ser diferente y que hacerlo diferente también significaba ser valiente, finalmente no hay soluciones fáciles ni respuestas concisas para los problemas de la vida. O como dice mi hermana, casi siempre podemos pensar que tenemos "un buen problema por resolver".

Terminé por solicitar una licencia no remunerada para desempeñar otro cargo en la Rama Judicial y regresarme a uno con menor remuneración que me permitiera no solo estar en la misma ciudad de residencia de mi esposo y mi hijo, sino tener calidad de tiempo para Samuel. En la vida haces elecciones y vives conforme a esas elecciones. Ser mamá era mi mejor y más grande elección, sin dejar de lado mi profesión.

A muchos les pareció descabellado lo que hice y preguntaban si no necesitaría los recursos que ganaba como Juez. Mi respuesta siempre ha sido la misma: Sé paciente contigo misma, siempre ocurra lo que ocurra puedes intentar ser tu mejor versión, mi fe está depositada en confiar en la vida y siempre puedo encontrar la manera de seguir adelante. Puedo elegir mirar más allá de la angustia y la frustración, puedo localizar mis convicciones perdidas, puedo volver a lo pequeño, a las cosas buenas, sencillas y alcanzables y perdonarme por resguardarme temporalmente de mis propias tormentas, pisando el freno todas las veces que necesite reducir la velocidad con la que afuera el mundo me exige andar.

Claro que me cuestioné, claro que sentí la dualidad de estar haciendo lo que el corazón me indicaba mientras algo de decepción propia me invadía. Pero lo grande no te devora si una meta pequeña protege tu felicidad. Ser mamá y ver la sonrisa de Samuel lo protegía todo. Mientras tanto seguía activa como abogada desde un ámbito más pequeño. Ahí nace el equilibrio, en la habilidad que tengas para combinarlo todo, sin que la combinación te haga sentir perdida.

Y mira como es la promesa de la vida: Más adelante alguien en el país descubrió que el cargo en el que estábamos (abogados asesores) estaba mal graduado y el Consejo de Estado ha ordenado pagarnos retroactivamente los valores adeudados. No sé si eso ocurra algún día, pero podría resultar – económicamente- equiparable a ser Juez. Lo cuento porque cuando actúas conforme a tu fervor y a tu convicción la vida te regresa la esperanza, te da de diferentes maneras, te transforma en el viaje y te enseña que en lo desconocido también brillan las posibilidades. De ese miedo de no saber qué va a pasar, de estar en la incertidumbre, puede salir el descubrimiento de algo muy emocionante para ti. En este caso lo emocionante no es nada económico, lo emocionante es mirar por el retrovisor y saber que elegí hacerlo diferente.

Volveré a mi cargo de Juez algún día, mientras tanto sigo colocando en el fichero todos esos miedos que me hacen pensar en lo correcto de lo que expreso, en lo bien o mal que puedo hacer mi trabajo o en si resulto siendo lo suficientemente buena y a la altura de lo que hago, si ese mensaje que traía en la bandeja, de que lo lograría, tiene y ha hecho suficiente eco en mi vida.

Hace poco decidí retomar mis actividades de docencia. Entendí que muchas personas se habían iluminado por y para mí y aún lo siguen haciendo y que ese era un medio en el que podría intentar hacer lo mismo por los demás.

Cuando alguien –en el plano personal o laboral– te da la confianza de que tienes la capacidad para salir adelante, nunca lo olvidas, esa sensación siempre te traspasa. Esa una impresión sencilla pero duradera.

Intento no medir a mis alumnos con la cinta métrica de mis expectativas, intento que no olviden lo que dan por cierto de ellos mismos y que tengan clara su propia valía, que vean más allá de cualquier espejo que algún docente en la universidad pueda ponerles por delante y de que sean la prueba de que importan para mí, para un sistema, para una sociedad.

Intento que conozcan mi historia y que algunos puedan ver que no es tan diferente a la de ellos. Que cuando salimos de casa a la Universidad pudimos llevar la misma bandeja, nos sentamos en las mismas aulas y aún tenemos ganas de seguir volando, que nuestra luz se ha encendido y que podemos seguir iluminándonos con ella.

Ese es mi propósito, esa es la acción que determina mi marca personal: DAR: es una palabra poderosa, porque tus actos y tu vida muestran tu verdad y puedes apegarte al verbo con valor y persistencia, con amor.

DAR en nombre de todas las veces que la vida te ha dicho que no y en honor a las veces que haz hecho que te diga si, que has logrado que sea posible. Compartir de lo poco que sabes, de lo mucho que eres, del arte de abrirte para los demás, de construir vínculos salvavidas con aquéllos que deciden ser parte de tus fragmentos y recordarte que puedes hacer lo que hace mi perrita cuando está lastimada: lamerte las heridas, reconocer quién eres y quien quieres ser, con tu autenticidad y tus vulnerabilidades, con el trazado que haga tu propio firmamento; en ese cielo que solo tú sabes cómo quieres alcanzar.

Confía en lo que llevas en tu cabeza, pero también en tu corazón, se consciente que puedes transformar tus pensamientos, tus creencias, cruza las líneas que sean necesarias para proteger tus sueños.

Date la oportunidad de diseñar tus propias rutas, no importa si decides hacerlo distinto. Elige tus batallas y conserva energías para aquéllas que exijan tus fortalezas, recurre a todo aquello que te haga sentir tu propia luz, recuerda que tus actos te visibilizan y que cada día te muestra lo mucho que has cambiado, pero también lo mucho que has avanzado.

Todas podemos mantenernos de pie, con amor, fe y esperanza. Todas llevamos una marca personal con los ingredientes necesarios para alentarnos, "elevarnos", sanar y seguir avanzando. "Imagina siempre ante una circunstancia difícil, lo mejor que pueda pasar", obliga a tu mente a enfocarse en todo lo bueno y maravilloso que nos da la vida.

Imagen & Marca Personal (herramientas y ejercicios desde la autenticidad)

María Camila Piedrahita Tovar

¿No les ha pasado que, cuando alguien les pregunta quiénes son, tendemos rápidamente a definirnos por nuestra profesión?

A mí también me pasó por mucho tiempo, para mí era absolutamente automático presentarme con un: "Hola, me llamo María Camila y soy abogada". Pareciera que lo tenemos ahí tallado, en esas respuestas que nos enseñaron y que posiblemente, en muchos momentos, nos hicieron creer que, conforme a la profesión, somos más poderosas, más inteligentes o por lo menos que sí encajamos o que sí podemos.

La posibilidad de aprender, ser líderes, creadoras y compartir lo que sabemos es algo que va más allá de un título. Es un ejercicio que se nutre de herramientas profundas, de mucha disciplina, pero también de aquellas herramientas blandas que nos acompañan a cada paso de nuestra existencia. Estas herramientas, a menudo, las damos por sentadas o no las reconocemos en su verdadero valor, ya que no se reflejan en un título académico ni parecen tener un peso importante en nuestra hoja de vida.

Esto ocurre con nuestra imagen personal, una herramienta que siempre tenemos a nuestra disposición, pero que muchas veces reducimos a un concepto superficial, meramente estético. Subestimamos su inmensa profundidad y la capacidad que tiene de hablar por nosotras, de comunicar de forma auténtica y de ser ese canal que nos representa si decidimos usarla para proyectar lo que realmente somos.

En este artículo, quiero invitarlas a nutrir nuestro liderazgo desde una perspectiva más amplia, que valore la imagen personal como una herramienta fundamental para comunicarnos de manera más rápida, coherente y auténtica. A través de la imagen, podemos auto conocernos, autosostenernos y ser más propositivas. Así, no solo generamos valor personal (marca personal), sino que también aportamos al crecimiento de nuestro equipo de trabajo y a la cultura de la empresa en la que colaboramos, alineándonos con el ADN corporativo y construyéndonos como líderes auténticas y creativas.

1. La Necesidad de Autoliderazgo a través de Herramientas Naturales como la Imagen

Aprender a ser una mejor líder es un desafío complejo. Existen múltiples enfoques y teorías que nos ofrecen una variedad de posibilidades, y esto puede llevarnos a cuestionarnos si realmente estamos logrando liderar de manera efectiva.

Sin embargo, antes de entrar en definiciones específicas sobre qué hace a una buena líder, quiero que nos centremos en un concepto previo, transversal a todos los modelos de liderazgo, que considero fundamental: el autoliderazgo. Este concepto es esencial para entender quiénes somos, qué herramientas tenemos para autogestionarnos y, desde allí, cómo podemos trazar las líneas para liderar a otros.

Es en este proceso donde la imagen personal juega un rol crucial. Como herramienta cotidiana, nuestra imagen se convierte en un canal óptimo para expresar nuestras fortalezas, valores y autenticidad, más allá de las palabras. Proyecta el trabajo interno que hemos realizado y comunica nuestras intenciones de generar liderazgo desde lo que somos. Al hacerlo, inspiramos confianza y generamos conexiones inmediatas, sin necesidad de explicar verbalmente qué significa ser una buena líder.

Hoy más que nunca, en entornos competitivos como el sector legal, liderar desde el autoconocimiento y la coherencia entre lo que somos y lo que proyectamos no es opcional, es esencial. Las nuevas generaciones conectan de maneras diferentes, exigiendo inmediatez. Es ahí donde el lenguaje de liderazgo a través de nuestra imagen personal comienza a cobrar sentido, mucho más allá de lo estético.

2. Imagen personal como herramienta de liderazgo y como sello de autenticidad

Siguiendo con lo que mencionábamos, les comparto tres fundamentos claves que necesitamos integrar en nuestro camino hacia un liderazgo, en donde la imagen personal tiene un espacio fundamental a lo largo del proceso:

La primera impresión entra por los ojos en los primeros 7 segundos[1]

Investigaciones de la Universidad de Harvard indican que, en los primeros siete segundos de conocer a alguien, nuestra mente genera hasta 11 juicios instantáneos.

Estos incluyen si una persona es confiable, competente o cercana. Aunque no debemos definirnos sólo por nuestra apariencia, la imagen personal juega un rol determinante en estas primeras impresiones, pues al final le abre paso a ese discurso que tanto preparamos, a esa conversación o networking que nos lleva a conocer colegas increíbles o por el contrario, nos deja por fuera de las expectativas de aquellos terceros con los que queríamos conversar o simplemente entramos en esa gran bolsa de quienes creen que solamente las palabras nos llevan a cumplir nuestras metas, sin darle el lugar, cronológicamente hablando, a esos

1. https://www.eleconomista.com.mx/empresas/Primera-Impresion.-La-Prueba-de-los-7-Segundos-20170403-0131.html

primeros segundos en donde lo visual acapara el impacto y la apertura o no, de posibilidades.[2]

El lenguaje no verbal y la imagen deben ser contundentes

La credibilidad no se construye únicamente con palabras. El lenguaje no verbal, incluyendo nuestra postura, la forma en que movemos nuestras manos, hasta la elección de colores o prendas, dependiendo del contexto, refuerzan o contradicen el mensaje que queremos transmitir.

En un entorno profesional, sobre todo en un entorno en donde las mujeres hemos empezado a abrirnos un mejor lugar, en términos de liderazgo y posibilidad de ascenso, y en donde cada detalle importa, la coherencia entre nuestra imagen y nuestro discurso amplifica nuestra capacidad de construir equipo y aportar valor desde nuestras formas de ser y de liderar.

El liderazgo y el posicionamiento no solo se transmiten por medio de palabras

No debemos olvidar que la confianza y el valor agregado que una líder puede transmitir residen en cómo se muestra al mundo. Desde la elección de una prenda que proyecte autoridad, hasta el uso de accesorios que refuercen nuestra autenticidad, todo comunica

Liderar no es sólo lo que decimos, tampoco es sólo la forma en la que damos órdenes o instrucciones sino también cómo hacemos sentir a los demás con nuestra presencia que sin duda necesita que nosotras estemos cada vez más cómodas con nuestra propia imagen y el espacio que queremos ocupar.

2. https://www.semana.com/semanaplay/cazamentiras/articulo/como-causar-una-buena-primera-impresion-y-por-que-es-importante/202340/

3. El poder del lenguaje visual

Luego de introducirlas a las capacidades que tiene nuestra imagen personal como una herramienta clave de comunicación, quisiera dejarles 3 ejes o elementos de la imagen personal, que pueden tener en cuenta para empezar a conectar con el poder del lenguaje visual y de esta manera poder utilizarlo a su favor.

Los colores y sus significados

Los colores transmiten, proyectan, protegen y tienen significados predeterminados en las personas por relaciones socialmente construidas sobre ellos, derivados de la historia, simbolismos, tendencias y necesidades de la sociedad dependiendo el contexto.

Todos los colores tienen apreciaciones positivas y otras que tal vez no sean bien recibidas dependiendo del observador y/o de quien lo usa, por eso es útil poder intencionar el uso del color, desde una perspectiva dual, es decir: i) Desde la forma en la que nos hace sentir el color cuando lo usamos en lo que nos ponemos, entendiendo que los colores tienen la potencialidad de afectar estados emocionales de las personas, pues el hemisferio derecho del cerebro asocia estados emocionales con colores y es así como inconsciente construimos nuestra propia paleta de colores (estado cromático interno), y ii) La percepción social y cultural preconcebida del contexto en el que decidimos usarlo.

Al tener estas dos fuentes de información para potenciar el uso de los colores dentro de su indumentaria, podrán establecer una relación mucho más consciente de por qué decidimos usar ese color y no otro, en diferentes ocasiones, conectando con el observador y paralelamente atendiendo las necesidades propias, materializando de esta forma, el poder del lenguaje no verbal, de manera interna (autoconocimiento) y externa (proyección y comunicación).

A continuación, les dejo dos ejemplos:

1. Hoy amanecí cansada y baja de nota, y aunque quisiera quedarme en mi casa tengo una charla que he preparado desde hace varios meses y que es muy importante para seguir posicionando mi marca personal.

   Frente a este escenario, decido usar una prenda principal de color amarillo, pues es un color cálido y brillante que me ayudará a subirme el ánimo, mientras que, paralelamente, me ayudará como herramienta visual para ser el centro de atención mientras doy mi charla.

2. Hoy tengo una reunión importante con mi equipo, en donde se van a tocar temas que no son fáciles para todo el mundo. Yo como líder, soy la vocera y quien lleva la batuta de la conversación.

   Frente a este escenario, decido usar una prenda principal de color azul, que me permita fluir en las cosas que tengo por decir, y una prenda blanca para que mi equipo sienta que hay espacio para opinar, negociar y que yo, como líder, estoy dispuesta a recibir sus diferentes puntos de vista.

- ¿A qué público le estás hablando?

No es lo mismo presentarse ante una junta directiva que liderar un equipo creativo. Cada contexto requiere una estrategia desde nuestro lenguaje visual que conecte con las expectativas del público.

En este punto, la idea es que ustedes puedan analizar previamente quienes van a ser los observadores, para que, desde el primer encuentro, en donde todavía no has empezado a hablar, el publico reciba desde nuestro estilismo y nuestra imagen personal, un mensaje de pertenencia y familiaridad.

Cuando ustedes se toman el tiempo de investigar sobre el cliente o sobre el sector o el nicho al que le van a dedicar tiempo y conocimiento, también podrán atenderlo desde un lugar de mayor convicción dependiendo del mensaje o el tipo de vínculo que quieran generar, a través de cómo te ven.

Les pongo el siguiente ejemplo: Si estás generando una propuesta de valor para una marca, además de saber qué hacen intenta observar cómo se ve la marca, qué colores representan a la empresa, en los primeros acercamientos con las personas que hacen parte de esta, observa su lenguaje corporal, si tienen un estilo que se replica fácilmente en todos los empleados o si, por el contrario, desde lo visual, se percibe que es un espacio mucho más diverso. Ponerle atención a este tipo de detalles, sin duda, esto es generar un valor agregado a nuestro acercamiento.

¿Desde qué lugar necesitas comunicar y liderar?

Nuestra imagen personal tiene más impacto cuando se alinea con nuestro propósito. Si ya logramos atender nuestro autoliderazgo, y entendemos el lugar tan importante que tiene nuestra imagen personal, va a ser mucho más fácil definir realmente qué es lo que queremos proyectar, cuál es el mensaje que queremos dejar y por supuesto desde dónde queremos liderar.

Si eres una líder con tendencias de verticalidad en tus equipos, en donde los roles están totalmente definidos, seguramente tu imagen personal estará conectada con una proyección de autoridad. Posiblemente si este es tu perfil, podrás usar líneas rectas en tus prendas sea en el patronaje mismo o en el estampado que eliges. Si, por el contrario, prefieres liderar de una manera más transversal y receptiva en donde, por supuesto hay roles designados, pero todos están dispuestos a aprender sin importar la edad, la posición o la experiencia, es muy posible que tu imagen personal pretenda proyectar confianza o fomentar cercanía. Una líder de este tipo, seguramente se pondrá pendras de telas mucho más fluidas, con mayor movimiento y posiblemente estará dispuesta a usar mayor cantidad de colores, así sea en proporciones pequeñas, como por ejemplo en sus accesorios.

Así las cosas, si el público son estudiantes, a quienes les estamos compartiendo conocimiento, seguramente pueden jugar con su imagen personal desde un lugar de querer apadrinar a los estudiantes y enseñarles de una manera más cercana y con lenguaje tanto visual como verbal más flexible y relajado, o si conectan más con ser profesoras que reflejan mayor distancia y autoridad, porque el tema o en la carrera en la que comparten conocimiento, eso suele sentirse más familiar, también se puede construir un lenguaje visual desde ahí, seguramente con prendas más elegantes, más clásicas, colores más intensos y oscuros y combinaciones de colores neutros que tiene bajo nivel de recordación.

4. ¿Marca personal o ajustarse para pertenecer?

Nuestra imagen personal es una herramienta dinámica, en constante movimiento, que puede adaptarse según nuestro estilo, contexto, propósito o metas. De la misma manera, la construcción de una marca personal es un proceso vivo, lleno de ciclos y aprendizajes, que evoluciona con el tiempo. Su fuerza radica en que, aunque logre posicionarse, siempre puede reinventarse.

Sin embargo, tanto nuestra imagen como nuestra marca personal auténtica deben ser reflejos conscientes de nuestros valores, aspiraciones y esencia. Estas herramientas no solo nos permiten diferenciarnos y liderar desde nuestra autenticidad, sino que también nos brindan flexibilidad para avanzar, aprender y crecer.

Una relación sólida y significativa con nuestra imagen personal comienza cuando la utilizamos como un vehículo para reinventarnos desde lo que somos, sin perder de vista nuestra esencia. Esto nos ayuda a cumplir metas, aprender de manera continua y liderar desde un lugar auténtico. En cambio, cuando intentamos "ponernos un uniforme" para encajar en contextos que no resuenan con nosotras, terminamos desconectándonos de quienes somos. Es como usar una chaqueta gruesa en un clima de 30 grados o vestir un traje heredado que no nos queda ni nos representa.

El verdadero liderazgo surge de la coherencia entre lo que somos y lo que proyectamos. Esto implica estar cómodas con nuestro cuerpo, nuestros colores, nuestras formas y las múltiples maneras de expresarnos. En lugar de buscar validación externa o esforzarnos por encajar, el desafío es aprovechar lo que ya somos: nuestras fortalezas, nuestra autenticidad y nuestra capacidad de proponer y compartir algo único.

Por eso, construir una marca personal no es simplemente adaptarse a lo que otros esperan, sino liderar desde un lugar auténtico, con la confianza de que nuestras diferencias son, en realidad, nuestro mayor valor agregado.

5. El valor agregado de hacer match entre lo auténtico y un ADN corporativo (más allá de la profesión)

Entonces, ¿por qué pensar que el Autoliderazgo y herramientas personalísimas como la imagen y la marca personal son contrariaras a las necesidades propias de una empresa o de un ADN corporativo?

A continuación, les muestro cómo la imagen y la marca personal nutren paralelamente, el crecimiento individual en términos personales y profesionales y el crecimiento y empoderamiento de una marca empresarial y el crecimiento de un equipo de trabajo.

Necesidades y Estándares Corporativos	Marca personal e Imagen personal
Conocer el ADN de la Firma o la empresa	Conocer tu estilo personal
Conocer los códigos de vestimenta y de conducta, para saber cuáles son los límites	Construye un clóset que te identifique y que sea eficiente con tus necesidades diarias

Cómo quieres ayudar a fortalecer o a modificar transitoriamente el ADN de la Firma (comunicación propositiva)	Ser flexible frente a tu imagen y conectarte con los contextos sin dejar de ser tu
Empelados que se identifiquen con el ADN	Mujeres que se interesen en procesos de autoconocimiento
Refuerzo permanente de los valores, la esencia y la imagen corporativa	Mujeres líderes creativas y propositivas desde la autenticidad
Imagen frente al Cliente	No es sólo un tema de uso de indumentaria, cómo te mueves, cómo usas tu cara y tus accesorios naturales
Identificar tu rol y tu público	Ser abogada NO corresponde a un tipo de imagen personal estándar
Conocer el espacio de oficina	Conéctate contigo para conectar luego con tu alrededor
Comodidad en el espacio de trabajo teniendo en cuenta la jornada, el clima y el ADN empresarial.	Trabajar en la imagen personal no es un proceso superficial, y mucho menos estático

El resultado de hacer match entre los procesos de una marca personal y un crecimiento profesional individual con el entender el ADN de una empresa o marca corporativa y potenciarlo desde el aporte auténtico, nos deja como resultado, un servicio de alto nivel y un equipo de trabajo con una estructura mucho más sólida a nivel interno y a nivel de comunicación y promoción de la empresa, pues ya no sólo se cuenta con grandes profesionales sino también con el valor agregado materializado en un capital visual mucho más impactante y una diferenciación en los mercados corporativos, en donde se invierte y se apuesta por el crecimiento transversal de los trabajadores, mediante ejercicios que potencien nuestras habilidades blandas y nuestras herramientas naturales como la imagen y la posibilidad de construir un lenguaje visual, además de los títulos y/o las profesiones que hayamos escogido.

6. Ejercicios Prácticos para Conectar con tu Imagen y tu Autenticidad

Definición de necesidades y estilo personal presente

Recuerden que todo se mueve, que los procesos personales y profesionales son cambiantes, así que lo más importante, es ocuparnos de nuestras necesidades y procesos presentes, es decir lo que eres hoy. Así que contestemos estas preguntas, sin irnos a un futuro lejano ni devolvernos a situaciones que ya no hacen parte de nuestro presente:

- Camino individual: ¿Qué quieres proyectar como persona?
- Camino como mujer: ¿Cómo quieres contribuir al liderazgo femenino?
- Camino como profesional: ¿Qué mensaje quieres que tus colegas y clientes perciban de ti?

Ejercicios de espejo

Empecemos a incluir dentro de nuestras rutinas y tiempos, un rato con nosotras mismas frente al espejo. Y si, posiblemente las primeras veces sólo te quedaras en lo superficial, pero a medida que van pasando los días, mirarse en el espejo se vuelve un ejercicio revelador y mucho más profundo, que te va a permitir reconocer todo lo que eres si así lo crees.

Este es un ejercicio muy bueno para hackear el cerebro y empezar a agradecer más a todo eso que el espejo nos refleja de nosotros mismas. El espejo más allá de lo estético es una gran herramienta para aprender a identificarnos y conocernos y ser conscientes del espacio que ocupamos.

Ejercicios para recuperar la autenticidad

Rompe creencias limitantes probando algo nuevo. Este ejercicio es una aplicación de una teoría de Joe Dispenza, que hace parte de su libro "El Placebo Eres Tú", dentro de la cual, Dispenza nos invita a que cambiemos patrones de pensamiento y comportamiento para así ir modificando, de manera progresiva, algún asunto de nuestra realidad, en este caso, nuestra relación y el lugar que le damos a la imagen personal.

Este ejercicio, suelo llamarlo como la adopción de acciones improbables, es decir acciones que normalmente ni siquiera pensaríamos en hacer y en la medida en que se van volviendo parte de lo rutinario, quiere decir, que estamos logrando romper creencias limitantes o patrones que no nos dejan ver el potencial, en este caso, del lenguaje visual.

A continuación, les dejo dos ejemplos:

1. **Creencia limitante:** "No tengo tiempo para arreglarme"

   Acción improbable: Levantarme más temprano o alistar mi ropa el día anterior.

   Nuevas herramientas – resultados: Más intencionalidad, mayor posibilidad de explorar tu autenticidad, mayor disciplina.

2. **Creencia limitante:** "No me es relevante mi apariencia porque tengo una carrera profesional, una especialización y una maestría"

   Acción improbable: Invertir en espacios de crecimiento profesional para conocer y fortalecer las habilidades blandas.

   Nuevas herramientas – resultados: Liderazgo contundente innovación en la profesión, mayor posibilidad de tener un equipo eficiente.

7. ¿Qué puedes esperar si haces que tu imagen personal se convierta en tu aliada?

A continuación, les comparto algunos puntos clave de valor que nos deja el acercamiento a nuestra imagen personal y si la convertimos en nuestra aliada:

- Aprender a comunicarnos a través de herramientas que atienden el nivel de inmediatez que la sociedad nos exige hoy en día y sin decir una sola palabra.
- Liderar desde la coherencia. Tomarnos el tiempo de hacer nuestro trabajo interno de autoconocimiento y autoliderazgo, para saber qué es lo que queremos proyectar a través de nuestra imagen, nuestra presencia y nuestro conocimiento.
- Liderar desde el disfrute. La imagen personal y el estilo personal nos permiten disfrutarnos, vernos cambiar, avanzar, nos permiten gozarnos lo que nos ponemos y también poder proponer nuevas formas de vernos sin tener que encerrarnos en tendencias o en protocolos que borren nuestra personalidad.
- Tener nuevas herramientas para hackear un día retador. Recuerden que nuestra imagen personal y la indumentaria que utilizamos se convierte en una segunda piel, que también nos puede dar abrigo, seguridad y sostenernos en esos días en donde tenemos más preguntas que respuestas. De igual forma, nos permita hacer más llevaderos los diálogos de autoconocimiento y exploración individual.
- Entender que el Autoliderazgo está más cerca de lo que creemos. Recuerden que tenemos herramientas naturales y permanentes que no necesitan absolutamente nada más que sólo ponerles más atención y darles más protagonismo.

8. Y es así como seguimos rompiendo Mitos respecto al concepto de la imagen personal y el poder de la autenticidad

Queda demostrado entonces que, en efecto, la imagen personal no es algo estético y poco relevante, por el contrario, es una herramienta que se mueve con nosotras y nos permite transitar los cambios de una manera más consciente, divertida e intencional.

¿Seguimos pensando que la imagen personal no influye en nuestras metas profesionales? Recuerden que la imagen personal, hace parte de nuestras herramientas para crecer en sociedad puesto que nos ayuda a comunicarnos, y a proyectar no sólo nuestra esencia sino nuestro valor agregado o todo aquello en lo que queremos aportar.

¿Están listas para liderar, acompañadas del poder de su imagen personal, con la capacidad de intencionarla y generar valor a partir de su autoconocimiento, espontaneidad y autenticidad?

Yo sí, y seguiré escogiendo a mi imagen personal y la construcción de un sello auténtico, como dos pilares esenciales para seguir aprendiendo y avanzando en la construcción de un liderazgo más consciente y flexible que me represente y a la vez me permita conectar con personas, equipos y contextos profesionales y personales que estén por venir.

Una Carta para ti Abogada Junior de Firma

María Claudia Martínez

Querida abogada,

Me hubiera encantado leer esta carta cuando estaba empezando a trabajar en una firma una vez graduada de mi carrera: derecho. Yo no tuve la oportunidad de leerla y que alguien me entregara un mensaje parecido, por eso mismo quiero escribirla, quiero dejar plasmadas las letras que me hubiera gustado interiorizar desde el inicio de mi carrera. La idea de la carta es dejar sembrado en tu corazón un mensaje que te ayude para el desarrollo de tu carrera profesional y tu vida personal. Al final, es importante que tengas en cuenta que el desarrollo de tu carrera siempre tendrá algún nivel de injerencia en tu vida personal y viceversa.

Primero que todo, debes tener claro que tu y solo tu tienes el control sobre tus acciones y que cada cosa que hagas en tu día a día laboral, va a tener un impacto en tu futuro. Para tener ese control, tienes que buscar las oportunidades y cuando lleguen, tómalas, no las dejes pasar. Arriésgate, no hay que ser perfecta para atreverse, sino que tienes que ser es valiente. Con valentía tu llegarás a dónde quieras llegar y vas a encontrarte en el camino las personas adecuadas que potencializarán tu carrera y| sean tu equipo de apoyo para que puedas brillar.

Ahora, siempre, con ese control que tienes sobre tus acciones, ponte tu primero, priorízate siempre para respetarte a ti, pero nunca demeritando a los demás. Nunca vayas en contra de tus valores y de las metas que te propongas, aprende a poner límites con respeto para nunca sentir culpa, rabia o enojo por no haber actuado de una o de otra forma.

Esta carta es para ti abogada de firma, te la escribo con un objetivo especial de que no desistas, que entiendas que, aunque el camino no es fácil, tu puedes llegar a la cima y cuando lo hagas, será supremamente gratificante.

Para prepararte y que sea más fácil entender y disfrutar el camino, es importante que conozcas algunas cifras y la historia de nuestra profesión y cómo llegamos las mujeres a ser parte del derecho, cosas que no enseñan en las aulas de la universidad.

No creo que supieras que en Estados Unidos, no fue sino hasta los años 70 que empezaron a admitir en mayor medida mujeres a estudiar leyes. La razón era puramente económica, no estaban ingresando hombres a estudiar derecho porque estaban en plena guerra de Viétnam, por esta razón las universidades se vieron forzadas a suplir estos cupos con mujeres, pasando de recibir 4% de mujeres al 40%[1] del total de los estudiantes.

Por su parte, en Colombia, la admisión de la primera mujer a la carrera de derecho fue en 1936 en la Universidad Nacional[2]. Aunque hoy en día existe una proporción, incluso un poco por encima del 50% de representación de mujeres en las universidades colombianas estudiando derecho, las cifras de registro de abogadas ante el Consejo Superior de La Judicatura, muestra cómo fue el camino para llegar a esa paridad.

Entre 1970 y 1975 se inscribieron como abogados un total de 13.062 personas, donde el 10.79% eran mujeres, mientras que el 89.21% fueron

1. Reporte a la Casa de Delegados de la Comisión de Mujeres en la Profesión de la Barra Americana de Asociados – *American Bar Association* – ABA–expedido en 1988.
2. Olarte Garavito, Vanessa; Jiménez Suarez, Yeniffer; Sanchez Ramos, Rosmary; Nieto Caldas, Disney; Ojeda Pérez, Robert. "Las Mujeres Colombiana y su Acceso a la Educación Universitaria". Revista Universidad de La Salle, 2018, 245-260.

hombres[3]. Lo que evidencia que hace alrededor de 50 años, la profesión legal era predominantemente masculina, de cada 10 abogados inscritos 9 eran hombres.

Durante el siguiente quinquenio, el cambio fue significativo, aunque el número total de abogados inscritos en el Consejo Superior de la Judicatura se redujo significativamente, de un total de 1.875 inscritos, el 37% correspondió a abogadas. A partir del año 1975 hasta 1991, el crecimiento en la representación de las mujeres fue aumentando de manera constante, llegando a ser más de la mitad del total de abogados inscritos.

El año 1991 fue el punto de quiebre y a partir de este año a hoy, la proporción de mujeres inscritas ante el Consejo Superior de la Judicatura para ejercer la profesión de derecho ha sido siempre mayor al 50%, incluso llegando a estar por encima del 55%[4].

Ahora, es evidente que hoy en día las mujeres tenemos la posibilidad de entrar a estudiar derecho en las universidades en la misma proporción que los hombres y ya es historia la brecha que existía en materia de educación. La historia estadounidense y la colombiana se encuentran en que fue alrededor de los años 70 fue cuando la representación de las mujeres en las univeridades empezó a ser significativa.

Esta paridad no se refleja en el cargo de socios de firmas de abogados en Colombia. Lo cierto es que los primeros niveles de los cargos de abogados en las firmas son representados en prácticamente la misma proporción entre mujeres y hombres, las diferencias se van reflejando a medida que va aumentando la experiencia profesional, llegando a tener una proporción muy baja de mujeres en los niveles directivos de las firmas.

Hoy en día en la mayoría de las industrias, la mujer tiene una representación minoritaria en los altos cargos y, dentro de este grupo está incluída la profesión legal, específicamente en las firmas de abogados

3. Consejo Superior de la Judicatura.
4. Consejo Superior de la Judicatura.

donde los títulos de socio lo ostentan, en su mayoría, hombres. Según las proyecciones de Law.Com, (*antes American Lawyer*), la paridad de género en las firmas de abogados se logrará en el año 2181[5].

Acá te dejo algunas cifras de cómo estamos actualmente:

1. En Estados Unidos, para el año 2020 alrededor del 25,05% de los abogados que ostentan la posición de socios eran mujeres[6].
2. En España, para el año 2019 la proporción de socias mujeres era de 10 a 2[7] y para el 2024, creció un poco llegando a ser el 22,8%[8].
3. En Colombia, de acuerdo con cifras de la Cámara de Servicios Legales de la Asociación Nacional de Empresarios de Colombia – ANDI, para el año 2018 la participación de mujeres socias en las firmas de abogados correspondía al 24%[9].

Querida abogada, prepárate porque a estas cifras son a las que te vas a tener que enfrentar, lo importante es que las conozcas y estés convencida que entre todos las podemos cambiar. Sin embargo, la evidencia lleva a concluir que tu tienes una menor probabilidad de llegar a cargo de socia en una firma, en comparación con la que tienen tus colegas hombres, por eso, si quieres llegar, tienes que brillar desde el inicio, in-

5. Special Report: Big Law Is Failing Women, Law.com, publicado el 28 de mayo de 2015, disponible en: https://www.law.com/almID/1202727354967/Special-Report-Big-Law-Is-Failing-Women/ [consultado el 8 de febrero de 2021].
6. Representation of Women and People of Color in U.S. Law Firms in 2020. National Association of Law Placement. https://www.nalp.org/0621research
7. Del Rosal, Pedro, "El Techo de Cristal en los grandes bufetes: solo un 20% de los socios son mujeres" [en línea], *Cinco Días*, publicado el 30 de noviembre de 2020.
8. Velasco, Jorge, "El Escalón Para Ser Socia: Las Mujeres Ocupan La Base, Pero La Cúspide Sigue Siendo Masculina", Cinco Días, publicado el 8 de marzo de 2024.
9. Cámara de Servicios Legales de la ANDI. "Cerrando la Brecha". 2018.

teriorizar el hecho de que eres única, aprovechar las oportunidades y siempre ser valiente, no perfecta.

Te preguntarás porqué, si existe paridad en las aulas y en los rangos de asociado junior existe una representación mas o menos equitativa entre hombres y mujeres, en qué momento llegamos a tener una representación menor en altos cargos. La respuesta es que hay mucha deserción de las mujeres quienes deciden no continuar con los planes de carrera cuando llegan a niveles o rangos de asociado medio o senior. Lastimosamente, a medida que se avanzando en los niveles en el plan de carrera se evidencia que disminuye la representación de mujeres abogadas, y esa deserción es la que queremos evitar.

En la profesión legal hay dos tipos de factores que impiden que las mujeres abogadas lleguen a ostentar el título de socias en las firmas de abogados, muchos de los cuales son transversales a distintas profesiones. Por un lado, están las barreras externas que tienen su raíz en las características de la dinámica histórica y como día a día se ejerce la profesión de abogado y, por el otro lado, existen las barreras o techos de cristal internos que, aunque se interrelacionan con las barreras externas, recaen específicamente en las mujeres.

Por esto es importante que desde el inicio de tu carrera conozcas las distintas barreras a las que te puedes enfrentar, y que son algunas de las cuales pueden hacer que el camino de una mujer abogada en una firma sea aún más empedrado que el de un hombre. Teniéndolas identificadas, todo será más fácil, tienes el potencial y usa tu valentía para derrumbar cada una de ellas. A mi me tocó aprender esto en el camino, si las hubiera conocido desde el inicio puede que el camino lo haya disfrutado más, que estuviera preparada para lo que iba a enfrentar.

Parte del origen de la brecha existente entre hombres y mujeres en el rango de socios en las firmas de abogados se explica por la existencia de sesgos cognitivos de las personas, que son bien difícil que la misma persona los identifique. Por lo tanto, hasta que los hombres y las mujeres no tomen conciencia de dichos sesgos, va a ser difícil atacar el problema y tendrán que pasar cientos de años para lograr una paridad de género en la dirección de las firmas.

Los sesgos de género están más marcados en la profesión legal que en otras profesiones. La razón: en el imaginario de las personas un abogado, es hombre y cuando buscan los servicios esos sesgos pueden llevar a que los clientes elijan un hombre sobre una mujer. Esta ha sido una industria a la que se le relaciona con el poder que, vuelve y juega, en el imaginario es la figura de un hombre y, a la mujer, la relacionan con debilidad e inferioridad, lo que no cuadra con lo que la mente de los humanos imagina cuando busca protección y defensa.

En esta medida, cuando una mujer logra librar todas las externalidades y llegar a ser socia de una firma de abogados, esto debe considerarse como una disrupción del *status quo*: "Históricamente, la mujer era considerada impropia para ejercer el derecho. Mujeres que buscaban entrar a ejercer la profesión eran enfrentadas con hostilidad y demandas en las cuales se argumentaba que estaban físicamente desadaptadas para ejercer la profesión, que no tenían la capacidad de pensar como abogados o que no tenían la capacidad para contratar sin el permiso de sus esposos"[10]. Por estas razones, en tu camino vas a generar incomodidades, pero tu sigue pisando firme y fuerte, que esas incomodidades van a llevar a darte una satisfacción personal inigualable.

Nuestra industria al ser una industria tradicionalmente masculina, en las distintas áreas del derecho, incluso en aquellas en donde hay una gran presencia de mujeres ejerciendo la profesión, los referentes siempre son hombres, los libros que utilizaste para tus estudios en derecho son escritos, en su mayoría, por hombres. Y esto es una regla en todos los ámbitos, los *managing partners* en casi todas las firmas de abogados en Colombia son hombres, los abogados que escuchan en los medios de

10. Durante, Leah. "Gender Bias and the Legal Profession: A discusión of Why There are Still So Few Women on the Bench". University of Maryland Law Journal of Race, Religion, Gender and Class. Volume 4, article 6. P. 183

comunicación son hombres, la participación de abogados en conferencias, webinars, charlas, etc., en su mayoría, siempre son hombres.

El hecho de que en la mayoría de los casos se tengan hombres como referente, no es precisamente porque no haya mujeres que tengan el conocimiento o capacidad de escribir libros, hablar en webinar, charlas, etc, sino por el sesgo de género que existe en la cabeza de las personas indica que cuando se piensa en la figura de abogado, se relaciona con el sexo masculino y por ende, las oportunidades le llegan y son ofrecidas en mayor medida a los hombres.

En el inconsciente de las personas, la figura de la mujer no es una figura fuerte, no es de superioridad, no refleja conocimiento, las mujeres son percibidas por la sociedad como el sexo débil, son educadas, se comportan a la altura, no alzan la voz, no les gusta los enfrentamientos, en otras palabras, buscan que sean "perfectas"[11] antes que ser valientes. Por esta razón, tu abogada junior tienes que tener la capacidad de romper estas cadenas y, te repito, ser valiente, en vez de perfecta.

Mi querida abogada, esta predisposición del imaginario de la sociedad ha llevado a que en distintas áreas del derecho, específicamente en aquellas en donde hay enfrentamientos, como el área de litigio, fusiones y adquisiciones, el derecho penal, entre otras, haya poca representación femenina. Contrarió a lo que pasa en áreas del derecho que se consideran más "suaves", como el derecho laboral, propiedad intelectual, ambiental, el área probono de las firmas, el área de cumplimiento o regulación, el derecho de familia, entre otras. Es precisamente en estas áreas, en donde existen la mayor cantidad de referentes mujeres y es donde se puede identificar la existencia de un mayor número de mujeres en los cargos más altos.

11. Saujani, Reshma. "Fear Less, Fail More and Live Bolder. Brave Not Perfect". Currency, New York, 2019. P. 24.

La barrera al acceso de mujeres a las áreas donde hay conflicto se le ha denominado la pared de cristal: "expresión que hace alusión a la resistencia frente a la presencia femenina en áreas de práctica que se perciben masculinas, es decir, en áreas que, por ejemplo, requieren formas de comportamiento más combativas. Estas resistencias resultan en la segregación de las mujeres hacia áreas de práctica que se presume van en consonancia con capacidades y cualidades típicamente asociadas a ellas, por ejemplo, ser colaboradoras, amistosas u orientadoras al diálogo"[12] y es una de las razones por las cuales muy pocas mujeres en las firmas llegan a dirigir la mayoría de las prácticas y se encuentran en segundos o terceros niveles, como asociadas.

Teniendo en cuenta lo anterior, no dejes que los estereotipos, el imaginario de las personas, ni los sesgos cognitivos decidan por ti la rama del derecho a la que te quieres dedicar. El camino no tiene que decidir por ti, sino, como te lo mencioné anteriormente, tu tienes control sobre tus acciones y que seas tu la que decida qué práctica es la que quieres ahondar. Así mismo, te aseguro que todas las áreas del derecho tienen referentes mujeres, y aunque no sean visibles, búscalas que serán tus primeras aliadas en el desarrollo de tu carrera profesional.

Otro punto que debes tener en cuenta es que la sociedad legal esperará que te comportes de cierta manera, y esto es algo que vas a aprender a manejar y podrás poner en una balanza, lo importante es que seas tu siempre la que decide cómo actuar con convencimiento profundo y que te estés priorizando a ti. Como ya te dije, el derecho es una profesión masculinizada, lo que ha llevado a que las mujeres que ejerzan la profesión en firmas de abogados con el fin de reflejar fuerza, carácter, decisión, superioridad, adopten actitudes masculinas. Sin embargo, teniendo en cuenta que estas son actitudes que no son "na-

12. Carmona Suarez, María del Pilar. "Mujer vs. Abogada: sobre la Cuestión de Género en la Profesión Legal". Universidad de los Andes, facultad de Derecho. Revista de Derecho Público No. 35. Julio -diciembre de 2015.

turales" de la mujer, a veces las mujeres terminan siendo agredidas o rechazadas por tomar estas actitudes:

> "Se espera que las mujeres permanezcan femeninas, pero al mismo tiempo existe la presión para asimilarse a comportamientos masculinos. Las mujeres no pueden ganar; cuando son exitosas en asimilarse demasiado bien a la cultura masculina, son acusadas por ser excesivamente duras. En palabras de Rhode (2003), lo que se considera asertivo en un hombre es abrasivo en una mujer"[13].

Sin embargo, si tienes que dejar saber tu punto, déjalo en la mesa con carácter como consideres que va a tener impacto y respeto, que al final, esto es lo único que te va a dejar tranquila a ti.

Yo te cuento una anécdota de mi carrera, de cómo los abogados hombres rechazaron el actuar valiente y la pisada fuerte de un grupo de abogadas. En una asociación a la que pertenezco, una amiga abogada nos hizo caer en cuenta de la necesidad de apoyarnos entre nosotras para poder ser más visibles. En virtud de esto, en el ámbito de la asociación creamos un comité de mujeres. Esta asociación de abogados siempre había sido presidida por abogados hombres y mayores, y fue difícil que entendieran la razón de ser del nuevo comité y aunque cuestionaron, pero no se opusieron a su creación, si empezaron a denominarlo como "sindicato de mujeres". Este denominado sindicato decidió buscar presencia en la junta directiva de la asociación, lo lograron, obtuvieron la mayoría de los puestos y desplazaron a varios de los abogados mayores de la dirección de la asociación, razón por la cual, en huelga a la victoria de las mujeres, todos los abogados que quedaron en la junta directiva decidieron renunciar. Este es un claro ejemplo de saboteo directo, en este caso, era directo a mi y esto fue una historia que jamás me imaginé que

13. Carmona Suarez, María del Pilar. "Mujer vs. Abogada: sobre la Cuestión de Género en la Profesión Legal". Universidad de los Andes, facultad de Derecho. Revista de Derecho Público No. 35. Julio -diciembre de 2015. P. 16

pudiera sucederme, y que me hubiera encantado que me advirtieran que me podía pasar. Por esto, yo te la cuento a ti.

Yo siempre pensé que mi género no me daba ni me quitaba, hasta que a medida que fui creciendo profesionalmente me di cuenta de que, efectivamente en la profesión legal existe un rechazo social y sí es más difícil para uno como mujer ejercer la profesión. La razón por la que me di cuenta es que empecé a identificar situaciones que eran hostiles y que la única razón era porque yo era mujer. Ahora, de ninguna manera puedes pensar que esto es una guerra entre los hombres y las mujeres, porque no es así, somos una sociedad, todos tenemos que buscar de manera conjunta la eliminación de escenarios de hostilidad.

Toda la información que hoy conoces te volverá más fuerte, más valiente, Acá te dejo algunas recomendaciones de cómo puedes desarrollar tu carrera profesional: (i) piérdele el miedo al *networking.* Haz tu red de contactos para desarrollar tu vida profesional y busca una red de apoyo en casa con la que se dividan todas las tareas del hogar. (ii) También es importante que busques trabajar en una firma que tenga políticas de género robustas. Es importante que las políticas de género y diversidad busquen equiparar las realidades de todos los géneros y, por supuesto, estas no sean de papel. (iii) Date visibilidad, véndete y vende a todo tu equipo de trabajo. Busca en incentiva a tu firma oo, ya que consideraba que los reconocimientos deberían integrar más mujeres, específicamente frente al área de práctica de mercado de capitales únicamente se había consideradoa una sola mujer cuando en su conocimientos había otras muchas mujeres "brillantes e inspiracionales" que se merecían ser rankeadas. En su opinión:

> "Una de las raíces de la inequidad en el sector legal es la falta de diversidad entre los referentes. El reconocimiento de terceros es un elemento crítico que impacta en la percepción de éxito de un abogado"[14].

14. Arnold, Chris. Carta dirigida a Chambers & Partners el 14 de octubre de 2019 en el Reino Unido.

En el año 2021, el abogado Chris Arnold escribió en su perfil de LinkedIn lo siguiente:

> "Hoy se publicó el directorio de Chambers & Partners y me complace ver este año cinco veces más mujeres incluidas en la práctica de mercado de capitales. Otros rankings demuestran que en la profesión todavía hay mucho camino por recorrer en la promoción de abogadas que son modelos a seguir, particularmente en mercado de capitales, y espero que todas las firmas de abogados continúen reconociendo todo el talento diverso de sus abogados en la presentación a los directorios"[15].

Por otra parte, en España en enero de 2021, se publico la lista de quiénes habían sido los abogados frente a las grandes transacciones que se dieron en el año 2020, fueron 30 abogados todos hombres[16]. Esto causó un revuelo en las redes sociales en donde las mujeres abogadas cuestionaron la razón por las cuales no existían mujeres en el listado, siendo que, desde su perspectiva, hubo mujeres abogadas frente a las transacciones más grandes del año 2020 en España.

Ahora, ¿realmente son los editoriales o los rankings encargados de darle visibilidad a las mujeres? Claro, ellos hacen parte de la investigación, pero quien provee la información son las firmas de abogados. Las firmas de abogados deben ponerse la camiseta y lograr la visibilidad de las excelentes abogadas que conforman su plantel y que muy seguramente, son la base de las excelentes asesorías.

Todo lo anterior, mi querida abogada te va a ayudar a enfrentar a ese escenario externo que tiene tropiezos, te va a ayudar a sobrepa-

15. Arnord, Chris. Página de LinkedIn. Consultada el 6 de marzo de 2021. Disponible en: [https://www.linkedin.com/feed/update/urn:li:activity:6724971217960370176/]
16. Saiz, s y Saíz L. "Quienes son los abogados estrella al frente de las grandes transacciones". Diario Expansión. Madrid, 21 de enero de 2021. Disponible en [https://www.expansion.com/juridico/actualidad-tendencias/2021/01/21/60087f0c468aeb8a2f8b45f3.html] consultado el 27 de enero de 2021.

sar las piedras como si tuvieras amortiguadores, vas a estar preparada para enfrentarlos.

Por otra parte, y también muy importante que hagas una reflexión constante sobre tus techos de cristal internos. Por ejemplo, la sociedad tiene plasmada el creer y es socialmente aceptado que sea la mujer la que se dedique a las labores del hogar, en muchos casos son las mismas mujeres las que consideran que es su obligación hacerse cargo del hogar.

En virtud de lo anterior, las abogadas que laboran en firmas y que tienen la obligación de generar ingresos a la misma, a su vez, consideran que tienen la obligación de hacerse cargo del hogar. En realidad las abogadas están laborando en dos trabajos independientes en un rango de 24 horas, mientras que sus pares hombres tienen la posibilidad de dedicarle una mayor cantidad de tiempo a su trabajo, a las asesorías en la firma y no tiene la "obligación" de llegar a la casa a lavar los platos, a hacer la comida, a lavar la ropa sucia, a ayudar a los hijos con las tareas del colegio, entre otras.

Esta situación sin duda pone en desventaja a las abogadas en la carrera de llegar a ser socias, pues por las labores del hogar, no pueden demostrarles a sus jefes que son lo suficientemente buenas y dedicadas, sino por el contrario el hecho de que tengan que salir de emergencia de la oficina a asistir a una reunión de padres de emergencia en el colegio, se a la mujer de ser poco seria y entregada en el trabajo.

Así mismo, que las mujeres les destinan tanto tiempo a las labores del hogar y a su vez sean tan exigentes en el trabajo conlleva que se "quemen" en la carrera a ser socias antes de tiempo, que se den por vencidas y prefieran renunciar a la profesión, renunciar a su idea de ser socias de una firma y dejarles el camino libre a sus compañeros hombres.

Busca mentorías de hombres o de mujeres que enriquezcan tu carrera profesional, salte de la caja y no te límites a cumplir con tu trabajo, buscar oportunidades para crecer, busca guías esto potencializara tus capacidades y te llevaran a crecer más rápido. Las mentorías sirven de apoyo a quienes están creciendo profesionalmente, dando consejos de cómo abordar piedras que se presentan en el camino, de cómo perfilarse profesionalmente, no que camino escoger, qué estudiar, cómo tratar a las situaciones incómodas a las que pueden verse sometidas por cuestiones de género, entre otros. Estas son todas preguntas que pueden resolverse por mentoras que han logrado estar en el nivel más alto del plan de carrera y permitiría a las abogadas de rangos inferiores, seguir progresando y desarrollándose profesionalmente sin salirse del plan de carrera.

Ahora, no creas que todo el cambio recae sobre ti. Esta es una obligación de todos: hombres, mujeres, universidades, firmas de abogados y clientes, editoriales y rankings. Mientras que todos los perfiles y agentes remen hacía una sociedad más equitativa, crean en las asesorías de mujeres, se exija la asesoría de mujeres, se va a lograr la equidad.

Espero mi querida abogada, que cuando tu tengas mi edad, el contexto sea completamente distinto, pero de cualquier manera sigas trabajando desde tu ámbito en lograr que todas las abogadas que quieren ser socias, lo puedan llegar a ser de manera más fácil.

Te vere en unos años relumbrante y decidiendo tu propio camino por convicción y no porque te tocó.

Un abrazo.

Plan de reconstrucción

¿Cómo rehacer la vida laboral?

Adriana Gómez Fonnegra

"No podemos bañarnos dos veces en el mismo río"

Heráclito

Comúnmente, relacionamos el concepto de reconstrucción, con volver: volver a construir, volver a hacer, volver a fabricar, volver a edificar, y en varias situaciones el término nos genera mucha resistencia, porque nos conecta con la percepción de retroceso, de ir hacia atrás, de devolución.

Esta percepción nos resulta bastante dolorosa e incómoda, pues nos movemos en contextos sociales y culturales que por lo general castigan la oportunidad de empezar de nuevo, de escribir una página distinta, que nos implique dar un paso atrás. Y es que, en nuestra cotidianidad, en lo más sencillo de la vida, devolvernos no está bien visto porque "pa´ atrás ni pa´ coger impulso."

El trabajo y las organizaciones en las que nos desenvolvemos, donde todas nos ponemos a prueba y donde se nos paga para dar lo mejor, construir de nuevo, casi no se permite. Inmediatamente se asocia al fracaso y a la insuficiencia y por lo mismo, cuando nos toca devolvernos en algo, por más simple o definitivo que sea, nos frustramos, nos desmotivamos, y somos nosotras mismas, quienes empezamos a generarnos presión para no tener que reconstruir nada, así nos cueste renunciar a lo que somos y vivir una vida sin sentido.

Con este capítulo quisiera dar herramientas a quien lo lea, para que pueda adueñarse de su vida laboral y reconstruir sin miedo, aquello que valga la pena, ser escrito nuevamente.

Reconstruir el concepto

El concepto de reconstruir, contrario a retroceder, nos puede llevar a trazar una nueva posibilidad, un nuevo camino, no desde cero, sino desde nuestra propia experiencia: los aprendizajes, la trayectoria, el recorrido que ya hemos caminado.

Volver sobre algo, implica que no tenemos la hoja en blanco, sino que ya "hemos ido" y que justamente es desde allí que nos surge una nueva posibilidad de transformación, de cambio, de dar un nuevo significado a una situación, a partir de herramientas con las que ya contamos.

El volver nunca es igual, aunque parezca que nada ha cambiado, aunque las cosas se perciban como permanentes, no son lo mismo, porque todo fluye, porque nosotras mismas cambiamos y cuando regresamos a construir algo de nuevo, ya somos distintas, no estamos iguales que la primera vez que nos enfrentamos a la situación: venimos con conclusiones nuevas y con experiencias que enriquecen ese "reconstruir".

Es así como el concepto, contrario a atemorizarnos, nos debería dar la tranquilidad que un empezar de nuevo, viene colmado de mucha riqueza, que es en sí mismo una oportunidad de reconectar con nosotras y con aquello que le da sentido a nuestra vida laboral.

Todas tenemos derecho a dirigir nuestra profesión y oficio, hacia donde nos llene de satisfacción personal y de valor, y es por eso que cualquier decisión que implique un volver a construir desde la plenitud de nuestra conciencia, es una posibilidad de llenar nuestro trabajo de un alcance trascendente y de coherencia con nuestra propia identidad. La reconstrucción es esa segunda oportunidad que constantemente anhelamos y que le quita peso al error, al fracaso y nos amplía el concepto de éxito y realización profesional.

¿Qué se reconstruye en el trabajo?

Cuando hablo de reconstrucción en el ámbito laboral, no necesariamente me refiero a cambiar de trabajo, de oficio o de profesión. Puede ser que el proceso nos lleve a uno de estos desenlaces, pero puede ser también que nos permita reconectar con lo que hacemos, a convencernos desde la conciencia, que en nuestro ejercicio hay valor, hay sentido, hay una posibilidad de realizarnos como personas y de poder entregar algo a los demás.

La reconstrucción laboral, tiene que ver con **hacer conciencia de nuestros pensamientos, sentimientos, acciones, decisiones y valores**, pues estas son las variables sobre las que tenemos total control y que paradójicamente cuando no las conocemos, son ellas las que ejercen el control sobre nosotras.

Si yo no sé qué pienso ni qué siento respecto al trabajo, voy a actuar de manera reactiva y automática, empujada por mis miedos y no atraída por lo que es valioso en mi vida. Cuando esto nos pasa, es cuando vamos construyendo una vida laboral que busca cumplir una lista de chequeo, que nos termina frustrando y desmotivando.

Si, por el contrario, tengo claro qué pienso y qué siento respecto a mi profesión, puedo decidir con conciencia, cómo quiero actuar, puedo dejar de darle determinismo absoluto a mis creencias y abrirme a pensar distinto, a darle valor a lo que realmente es importante para mí y a actuar desde lo que me atrae. Es distinto querer hacer una maestría, buscar cierto tipo de trabajo o luchar por una posición profesional, movidas por nuestro miedo al fracaso, que hacerlo atraídas por nuestros valores: porque lo que hay allá nos gusta, nos llama, nos invita a actuar, porque vemos la posibilidad de aprender, de entregar, de ser nosotras mismas.

Es por eso que creo que siempre es importante cuando reflexionamos sobre nuestra vida laboral, hacernos la pregunta: ¿estoy yendo empujada por mis miedos o atraída por mis valores?

Las gafas con las que miramos el éxito y el fracaso

Uno de los más grandes obstáculos para permitirnos empezar de nuevo en cualquier ámbito de la vida, tiene que ver justamente, con los filtros con los que miramos el mundo, pues lo vemos desde nuestro conocimiento, con los ojos que nos ha dejado la experiencia, nuestras interpretaciones, la cultura y la sociedad en la que nos movemos. Lo vemos como he dicho anteriormente, desde las gafas de nuestros pensamientos y nuestras emociones, sin ser conscientes muchas veces de ellos.

Seguramente tendremos conceptos de *éxito y fracaso* que hemos aprendido a lo largo de nuestra vida y que determinan en cierta medida nuestros comportamientos; pero es justamente en los procesos de reconstrucción, donde esas ideas pueden hacerse visibles y cuestionables, donde se develan nuestros valores más profundos y donde podemos decidir dejar de ver la realidad en blanco y negro, para empezar a acercarnos a ella desde una gama variada de colores.

Es difícil pensarnos fuera de los estándares de nuestras profesiones y más cuando las mismas dictaminan el éxito y el fracaso desde unos ejercicios tradicionales y rígidos. Comúnmente nos casamos con una única manera de hacer las cosas: cumplir con ciertos estudios, tener cierto tipo de trabajos, seguir una escala lineal en ascenso, sin darnos la oportunidad de decidir si eso es lo que queremos y nos conecta con nosotras.

Es por eso que creo que los procesos de reconstrucción son tan valiosos, porque nos dan la posibilidad de acercarnos al éxito de una manera más orgánica, más sentida, más auténtica, a través de la cual podemos permitirnos la construcción de una vida laboral en espiral, con ascensos y descensos, con avances y retrocesos, que nos impulsan a construirla a conciencia y desde nuestro sentido personal.

Te has preguntado alguna vez, ¿en dónde termina la escalera lineal y en ascenso que buscamos constantemente para ser exitosas? ¿para qué buscamos el éxito en nuestra profesión? A parte de tus ideas iniciales ¿qué más podría significar el éxito laboral?

Adueñarnos de nuestra vida laboral

Es común que alguna vez en nuestra vida, sintamos que perdemos el rumbo profesional. Expresiones como "no me hallo", "no me siento parte", "no sé para qué hago lo que hago", se vuelven cotidianas y se nos va una parte importante del tiempo queriendo que los lunes sean viernes y que los viernes sean vacaciones. Vemos el trabajo como un apartado distinto a la vida, esperando terminarlo para poder salir a experimentarla. No nos damos cuenta que el trabajo es una de las dimensiones de la existencia, pero no la totalidad de la misma, donde si bien dedicamos gran parte de nuestro tiempo y recursos, no es el único ámbito que como seres humanos nos importa y que al igual que las demás dimensiones, puede representar un espacio significativo de realización personal.

Adueñarnos de nuestra profesión y nuestro trabajo, implica no ser víctimas sino propietarias de la misma y como afirmaba Heidegger, citado por Efrén Martínez (2019), implica ser auténticas: ir más allá de los mandatos de nuestra mente y nuestra biología que buscan equilibrar nuestro organismo en las ideas de éxito y "deber ser" profesional, para conectar con aquello que tiene valor para nosotras, así esto implique dejar de lado los estándares convencionales.

Esta no es una tarea fácil, adueñarnos de nosotras mismas nos lleva a pagar el precio de seguir nuestro camino, de dar valor a lo que nos importa, de reconstruir nuestra vida profesional, a fin de percibir que tiene sentido. Ser auténticas genera mucha angustia, pero es una angustia con un fin determinado: sentirnos más nosotras, más coherentes con lo que somos y queremos ser profesionalmente.

Ser dueñas de nosotras mismas y nuestro trabajo, nos hace libres, pero como seres humanos lo somos tanto, que muchas veces elegimos seguir siendo esclavas de nuestras propias ideas inconscientes sobre lo que implica trabajar, tener éxito y desarrollar nuestra profesión.

¿Cómo nos adueñamos de nuestro ámbito laboral para poder reconstruirlo?

1. Viendo en las dificultades laborales una posibilidad de encontrar sentido
2. Conociendo los ámbitos de la vida y nuestro límite
3. Identificando nuestra personalidad
4. Reconectando con el propósito profesional

1. Dificultades laborales como oportunidades de encontrar sentido

En la vida laboral se presentan dificultades de varias clases, pero como lo he mencionado, muchas de ellas, se relacionan con nuestras percepciones del mundo. Viktor Frankl, médico psiquiatra autor de la psicología del sentido, habla de la Triada Trágica, para entender las situaciones que en la vida nos generan dolor y se convierten en fuentes de sentido: Sufrimiento, culpa y muerte.

Catalina Arzoz en 2019, habla de esta triada trágica en el ámbito laboral, en la que nos podemos enfrentar al sufrimiento, la culpa y la muerte profesional, llegando a percibir cualquiera de estas tres situaciones, como aparentes obstáculos que nos hacen difícil la reconstrucción de la profesión. Sin embargo, es justamente a través de cualquiera de ellas, que podemos encontrar caminos de sentido, para reconstruir nuestra vida profesional, pues nos implican un trabajo personal significativo, que requiere conciencia e intención.

Cuando sufrimos por razones inevitables que afectan nuestra vida profesional como un despido, una quiebra, una situación externa que impacta el trabajo, podemos encontrar ahí oportunidades para crecer, madurar y compartir nuestra experiencia para quienes puedan necesitarla. Cuando nos llenamos de sufrimientos innecesarios relacionados con el trabajo, dejándonos afectar por nuestras propias ideas y estándares, podemos aprovechar la situación para trabajar nuestros propios miedos y superar la angustia de vivir en la inconsciencia y reactividad, para conectar con lo valioso de nuestro quehacer profesional.

Cuando nos enfrentamos a culpas laborales reales, tenemos una oportunidad para ser humildes, vulnerables, resarcir los errores y aprender de los mismos, evitando cometer las mismas situaciones y reconstruyendo lo que queremos ser como trabajadoras, líderes y personas. Muchas veces, sin embargo, nos llenamos de culpas inexistentes que nos causan sufrimiento constante, porque sentimos que ponen en tela de juicio nuestra integridad profesional: Nos sentimos culpables por salir a vacaciones, por tomar un descanso, por no ir a trabajar bajo una condición de enfermedad. Estas culpas irreales, nos causan sufrimiento y desgaste y nos invitan nuevamente, a trabajarnos a nosotras mismas para hacer conscientes nuestras taras y poder movernos atraídas por nuestros valores.

La muerte laboral, nos lleva a una parálisis, a una crisis existencial donde la apatía y la inercia se vuelven nuestro actuar constante. Trabajamos a cambio de un salario y reducimos el impacto profesional a una supervivencia que se vuelve forzada, pesada y cargada. No sabemos para qué hacemos lo que hacemos y nos resignamos a estar en un trabajo por miedo. Decidir atravesar la muerte laboral y encontrar en el trabajo el componente trascendente que tiene en sí mismo, puede volverse en una fuente significativa de auto-nocimiento, conciencia y autenticidad.

Es así como la triada trágica del sufrimiento, culpa y muerte laboral, nos puede permitir pasar de ser víctimas de nuestras propias percepciones y vivencias, a ser dueñas de nuestra propia vida y reconstruirnos a través de la conciencia y el sentido.

2. Conocimiento los ámbitos de la vida y nuestro límite

Byron Katie (2009), menciona que la vida se construye desde tres ámbitos distintos: El ámbito personal, el ámbito del otro y el ámbito de la realidad.

El ámbito personal es aquel desde el que tenemos pleno control pues es el único que manejamos desde nuestra voluntad, es allí en el que pensamos, sentimos, actuamos, decidimos y por lo mismo, desde el cual tenemos la libertad de elegir quienes queremos ser.

El ámbito de los otros, corresponde al ámbito personal de los demás y desde allí no podemos ejercer un control directo, pues ya depende de la construcción que cada persona quiera hacer de sí misma y el ámbito de la realidad es aquel que se sale de nuestro alcance, pues tiene que ver con las situaciones inevitables e incontrolables de la vida, a las que debemos hacer frente con los recursos personales que tengamos.

Es desde el ámbito personal desde el cual ejercemos nuestra propia reconstrucción de la vida y del trabajo y desde donde tenemos cierta influencia sobre el ámbito de los otros y de la realidad, sin tener control directo de ellos. Entre más libres somos dentro de lo que nos corresponde, somos más responsables de nosotras mismas y del impacto que tenemos en el mundo que nos rodea, por eso dentro de nuestro límite debemos procurar conocernos, cuestionarnos, decidir, adueñarnos y buscar en sentido de nuestra vida y trabajo.

Tener conciencia de nuestro ámbito personal, nos da alcance, nos hace activas, nos da poder sobre nuestra vida profesional y laboral y sobre nuestras decisiones, porque de nuestro límite para adentro, es nuestro deber buscar nuestras mejores versiones, actuar conforme a nuestros valores, a lo que nos da sentido y volvernos propietarias de nuestras decisiones y rumbos. Cuando no sabemos dónde está nuestro límite, señalamos a los demás, no elegimos, queremos el control y lo perdemos y no nos empoderamos de lo que está a nuestro alcance, porque simplemente el problema, siempre lo vemos fuera: en la empresa donde trabajamos, en nuestro jefe, en nuestros compañeros de trabajo, en el mundo laboral general, sin percatarnos de que somos nosotras las dueñas de las gafas con las que percibimos y significamos la realidad que nos rodea.

Así como la conciencia del límite nos responsabiliza de nosotras mismas dentro de nuestro ámbito personal, nos permite también quitar tantas cargas que muchas veces llevamos sobre los hombros, cuando pretendemos controlar a los demás y a todos los percances de la vida. Como dice Efrén Martínez (2014), tener conciencia del límite nos permite entender que no podemos estar en todo, saberlo todo, ni tenerlo todo y es allí cuando realmente, podemos empezar a conectar con quienes estamos siendo y queremos ser, desde lo que nos corresponde. Es así como podemos empezar a reconstruir nuestra vida en sus dimensiones.

Vivamos más ocupadas y concentradas en adueñarnos de nuestra propia vida y nuestra trayectoria laboral y profesional, para ser parte del cambio que queremos ver en el mundo del trabajo.

3. Identificando nuestra personalidad

Como lo he mencionado, desde nuestro ámbito personal es desde donde ejercemos pleno control de nosotras mismas, por lo que es nuestra responsabilidad conocernos y hacer procesos conscientes para construirnos y reconstruirnos.

En todo el proceso de reconstrucción, la personalidad cobra muchísima importancia porque al final, es la que refleja el conjunto de pensamientos, sentimientos y comportamientos que nos identifican, que nos caracterizan y que nos hacen relacionarnos con el mundo de una u otra manera. Si no conocemos lo que somos, es muy difícil tomar las verdaderas riendas de nuestra vida laboral y hacer procesos conscientes y plenos de sentido. Nuestra personalidad nos muestra las gafas con las que miramos el mundo y nos habla de lo que creemos respecto a nuestro trabajo, a nosotras y nuestra profesión.

Muchas veces nos excusamos en lo que somos y no nos damos cuenta que independientemente de lo que hemos construido a lo largo de los años, siempre tenemos la posibilidad de decidir quienes queremos ser. Siempre estamos siendo, somos en gerundio y por más que tengamos ciertas características que engloben lo que somos, en cada momento tenemos la posibilidad de elegir con conciencia, qué queremos llevar de nosotras a nuestro trabajo, ejercicio profesional y demás dimensiones de la vida.

Para conocer y trabajar nuestra personalidad en su versión más auténtica y adueñada, es muy importante tomar distancia para poder vernos, saber y entender quiénes somos, oponernos a nuestros propios condicionamientos y tener la capacidad de percibirnos distintas a lo que estamos siendo en el presente. Este puede ser un proceso doloroso, porque hacernos responsables de nuestro ámbito es una tarea difícil, que requiere coraje, pues siempre es más fácil justificarnos en los otros y en la realidad, antes que aceptar nuestra propia responsabilidad en la reconstrucción de nuestra vida. Pero si no aceptamos lo que somos ¿qué vamos a poder cambiar de nosotras mismas para reconstruir una vida laboral con sentido?

Nuestra personalidad de acuerdo con Efrén Martínez (2014), tiene tres componentes: Lo heredado, lo aprendido y lo decidido. Esto quiere decir que tenemos un factor biológico y genético que nos puede hacer más ansiosas, más obsesivas o más desreguladas en nuestro mundo emocional. Tenemos a su vez un componente psicológico que tiene que ver con los aprendizajes que hemos hecho del mundo cuando nos relacionamos en los distintos contextos, donde entran en juego nuestras herencias biológicas con lo que nos rodea. Esto quiere decir, que tenemos una parte de nuestra personalidad (biológica y psicológica) que nos condiciona, pero no nos determina y ahí es donde viene el componente decidido de la personalidad, que es el que nos permite oponernos a nuestro cuerpo y nuestra mente, para actuar desde el sentido, desde lo que es valioso en nuestra vida, desde la conciencia de lo que somos y queremos ser.

Cuando nos quedamos reaccionando desde nuestra biología y nuestra psicología, es cuando entramos en el modo automático, reactivo e inconsciente, que lo único que busca es evitar el dolor de cambiar, permaneciendo esclavas de nuestra mente y nuestro cuerpo desde el ego, buscando la satisfacción fuera de nosotras, cumpliendo con lo que se dictamina que debe ser la única posibilidad laboral y actuando empujadas por nuestros miedos y no atraídas por nuestros valores. Esta versión inauténtica de nuestra personalidad es la que nos genera sufrimientos innecesarios, culpas inexistentes y en muchos casos, la muerte y parálisis laboral que mencionábamos anteriormente.

Cuando logramos oponernos a los mandatos de nuestra biología y psicología, es cuando nos adueñamos de lo que somos y cuando nos damos cuenta que es en nosotras mismas donde está el poder de decidir el rumbo que queremos darle a nuestro trabajo. Cuando logramos pararnos desde el componente de decisión de nuestra personalidad, es cuando construimos versiones auténticas y adueñadas de nosotras, que nos permiten reconstruir no desde nuestro ego, sino desde nuestro ser, desde nuestros valores y desde lo que da sentido a nuestra existencia.

Veamos esto en un ejemplo: Cuando tenemos una carga genética que nos lleva a ser más sensibles y obsesivas y crecemos en un ambiente familiar y educativo donde se premia la exigencia y la perfección y se castigan las fallas y los errores, muy seguramente vamos a construir creencias y pensamientos donde equivocarse no está permitido, donde fallar se relaciona con la mediocridad y la insuficiencia, donde siempre nos va a faltar algo para cumplir con los estándares y donde nuestro valor depende de lo que hagamos bien hecho y no de lo que somos como personas. Este mundo de pensamientos e ideas muy seguramente nos va a conectar con el miedo a fallar, a no ser perfectas, a no ser suficientes y ese miedo se va a ver incrementado cuando lleguemos a un trabajo donde los estándares son los más altos del mercado. Desde nuestro miedo, seguramente nuestras reacciones inconscientes, van a dirigirse a evitar la insuficiencia a toda costa, a luchar para controlar a todos y todo a nuestro alrededor, a cumplir los modelos establecidos y a sentirnos valiosas dependiendo de nuestros resultados laborales. Seguramente ir empujadas por nuestros miedos, nos va a desgastar, nos va a conectar con sufrimiento, culpa y muerte laboral y nos va a hacer sentir impostoras, imperfectas, indignas y que nuestra vida profesional, está vacía. Paradas desde estos condicionamientos, pensar en un proceso de reconstrucción laboral resulta inimaginable y muchas veces preferimos vivir en la angustia inconsciente, de seguir los mandatos de nuestro propio ego.

Sin embargo, cuando nos paramos desde el componente decidido de la personalidad, podemos ser conscientes del mundo egocéntrico que hemos construido y podemos empezar a trabajar desde nuestro ámbito personal, para quitarle voz a nuestra mente condicionada y empezar a dársela al sentido que encontramos en nuestra propia vida. Pararnos desde la parte decidida de nuestra personalidad, implica angustia, pero es una angustia con sentido, que nos va a llevar a la consecuencia de vivir nuestra propia vida y tomar los rumbos laborales que nos conecten con lo que queremos ser. Se trata entonces en este ejemplo, de dejar de dar por sentadas nuestras creencias, de darnos la oportunidad de ponernos otras gafas que nos permitan dejar de ir empujadas por nuestras taras obsesivas y perfeccionistas y conectar con lo valioso que vemos en nuestro ejercicio profesional, en la excelencia, en la calidad, en nuestras capacidades, en el error, en el volver a construir.

En un proceso de reconstrucción laboral entonces, lo primero sobre lo que podemos y debemos volver, es sobre nosotras mismas, sobre nuestra personalidad.

4. Reconectando con el propósito profesional

El cuarto punto para adueñarnos de nuestro ámbito personal y poder reconstruirlo está relacionado con volver a conectar con el sentido del trabajo, con el propósito que tiene para nosotras el ejercicio profesional.

La vida, constantemente nos enfrenta al miedo que tenemos desde nuestra personalidad y nuestro sistema de creencias y nosotras decidimos cómo queremos afrontarlo. Es por eso que a veces castigamos tanto los procesos de reconstrucción, porque se sienten como retrocesos que no nos dejan nada a cambio, ya que, al vernos enfrentadas a nuestras angustias, lo que hacemos es utilizar las mismas estrategias de supervivencia del ego: huir de las situaciones, luchar contra ellas o paralizarnos y no hacer nada.

Reconectar con el propósito laboral, implica buscar estrategias distintas a las anteriores, teniendo en cuenta que es muy difícil esperar resultados diferentes, haciendo lo mismo y que entre el estímulo del ambiente y la respuesta que nosotras damos, está la capacidad de decisión. Como afirmaba Jung: "Lo que negamos nos somete, lo que aceptamos nos transforma" y ahí está el poder de la reconstrucción.

Viktor Frankl, hablaba de que la principal motivación de los seres humanos, es encontrar el sentido de la vida y en el ámbito laboral y profesional esto cobra mucha importancia, ya que, si no sabemos el "para qué" de lo que hacemos, podemos caer en la búsqueda insaciable del placer y el poder. Ambos en lugar de ser fines en sí mismos, deberían terminar siendo consecuencia de actuar desde la conexión con el propósito.

En el ámbito laboral, continuamente nos movemos en una rueda de carrera interminable que nos lleva a querer hacer muchas cosas para tener muchas cosas, pero se nos olvida quienes somos y es ahí cuando nos desconectamos y vamos empujadas por nuestros miedos. Tener propósito profesional más allá de hacer para tener, implica hacer como consecuencia de ser y el tener, a su vez, se convierte en una consecuencia de actuar desde lo que somos, y no un fin en sí mismo.

Como lo hemos visto, es importante reconstruir en cualquier ámbito de la vida, porque en general no sabemos quiénes somos y sobre lo que debemos volver primero, es sobre nosotras mismas. Todas desde nuestro ámbito tenemos la libertad de ser quienes queremos ser y la responsabilidad de realizar nuestro propio sentido y nuestros propios valores, impactando positivamente el ámbito de los otros y la realidad. En el contexto laboral, ahí es donde está el componente trascendente del trabajo.

Encontrar sentido y propósito laboral, implica conectar nuestro corazón y nuestra razón a los valores personales. Ejercer nuestra profesión, debe implicar encontrar algo significativo en ella (valor) y eso nos debe emocionar y racionalmente, ser bueno para nosotras. Cuando hacemos esto se nos abre una dirección, un rumbo que nos invita a actuar atraídas y no empujadas, encontrando coherencia e identidad personal. Tener propósito laboral, implica dar una intención consciente a nuestro trabajo, identificar el impacto que queremos generar y esto nos lleva a ampliar nuestro repertorio de estrategias, para actuar conforme a nuestros valores.

Todas tenemos la libertad y la responsabilidad de encontrar sentido a nuestro trabajo y sentirnos exitosas desde la coherencia que nos da actuar conforme a ese propósito. Está en nosotras la manera en la que significamos las situaciones laborales, en la que vemos el mundo profesional y en la que nos percibimos a nosotras mismas, conforme a los niveles de conciencia y autenticidad que queremos vivir.

Podemos decidir vivir la angustia de mantenernos presas de nuestro ego inconsciente o la angustia de dar el salto de fe hacia el sentido, atraídas por los valores que experimentamos a través de nuestra profesión, de aquello que podemos entregar al mundo y de nuestros recursos personales y actitudes para manejar la adversidad y los momentos de crisis profesional.

La reconstrucción laboral se vuelve entonces una oportunidad maravillosa para contestarle a la vida sobre el "para qué" profesional, sobre el "para qué" de las dificultades en el contexto del trabajo y sobre el "para qué" de nuestra propia existencia.

Bibliografía

- Arzoz C. (2021). Trabajar con sentido es vivir con sentido. Ediciones LAG: Ciudad de México, México
- Katie B. (2009). Amar lo que es. Ediciones Urano: Barcelona, España
- Martínez E. (2019). Hazte dueño de ti. Meaning Corp: Bogotá, Colombia
- Martínez E. (2014). Coaching Existencial. Basado en los principios de Viktor E. Frankl. Ediciones SAPS: Bogotá Colombia

Persuasión, influencia y poder

¿Cómo potencializar el talento?

Adriana Gómez Fonnegra

> *"No solo es la profesión que se ejerce, sino el modo como se ejerce".*
>
> Viktor Frankl

Actualmente hablamos mucho de la importancia del ejercicio del poder y de la influencia para el desarrollo de nuestra carrera profesional, buscando constantemente las maneras de posicionarnos para alcanzar metas y ser visibles dentro de nuestras áreas de especialidad y del mercado.

Las redes sociales y los medios digitales, se han convertido en plataformas relevantes para compartir nuestros logros laborales y para dar a conocer todo aquello que con esfuerzo hemos alcanzado y nos enorgullece presentar. Cada vez hay formas más inmediatas y sin límites, para compartir con el mundo lo que hemos conseguido y para estar al tanto de los éxitos de los demás.

Esta nueva situación posibilita muchas cosas interesantes en lo que se refiere al posicionamiento de nuestro perfil y puede representar un recurso valioso para abrirnos puertas y seguir trazando el camino laboral. Sin embargo, en ocasiones, puede representar un arma de doble filo, en la que podemos pasar de un reconocimiento sano de nuestras propias capacidades y logros, a un juego de ego, que nos acerca a la búsqueda del poder y la influencia desde la motivación por el placer y el reconocimiento, pero sin ninguna trascendencia ni responsabilidad.

A pesar de nuestra búsqueda constante por influenciar y alcanzar el poder, nos hemos preguntado ¿para qué? ¿cuál es la intención de cada una de nosotras respecto a sentirnos poderosas? ¿cómo estamos entendiendo estos conceptos y cómo queremos utilizarlos?

A través de este capítulo, espero dar herramientas, para potencializar nuestro talento, desde un posicionamiento empoderado e influyente, con intención, conciencia y sentido.

Las motivaciones del ser humano

De acuerdo con Viktor Frankl, autor de la corriente psicológica del sentido, el ser humano tiene tres motivaciones vitales: placer, poder y sentido. Cuando nos movemos por la primera, estamos empujados por un impulso fisiológico que nos lleva a buscar sensaciones satisfactorias, que cada vez van a necesitar de más estímulos, para poder vivenciarlo. Cuando nos movemos por poder, nos impulsa nuestra psicología, a través de la que buscamos reconocimiento, admiración y aprobación. Y cuando nos movemos por el sentido, lo hacemos desde nuestra condición humana, para entender el fin último de nuestra existencia.

El placer y el poder nos llevan a hacer para tener: todo el tiempo estamos enfocando nuestras acciones en buscar la satisfacción y la influencia. Desde aquí nos alivia no tanto lo que somos, sino lo que tenemos y en los dos casos la búsqueda se vuelve insaciable e infinita. Nunca será suficiente si el placer y el poder son el fin último, por el que trabajamos.

En el contexto laboral, cuando nos movemos desde acá, vivenciamos el trabajo como una carrera interminable, en escala lineal y en ascenso que parece no tener fin y eso puede ser agotador. Por lo mismo, el entender que nuestra motivación principal como seres humanos es encontrar el sentido de nuestra vida y en este caso de nuestro trabajo, el placer y el poder pueden verse como consecuencia de actuar desde nuestro propósito, el cual nos va a llevar a la satisfacción y al anhelado bienestar.

Cuando dirigimos nuestro trabajo desde el sentido que encontramos ahí, privilegiamos lo que somos y ese ser, se convierte en la brújula del hacer, llevando así a que nuestras acciones, sean un reflejo de lo que somos. Es en este momento cuando nuestra capacidad de persuasión, influencia y poder se vuelve la consecuencia de ser nosotras mismas, de actuar con conciencia y voluntad, distinto a emprender una búsqueda interminable de reconocimiento y visibilidad, por miedo a perder lo que tenemos o a no ser reconocidas, vistas o admiradas.

Quienes tienen más posibilidad de influenciar: quienes se empoderan de sí mismas

Durante mi carrera profesional trabajé doce años desde el área de Talento Humano de distintas compañías y llevo más de cuatro años, dedicada a acompañar personas que se encuentran en transiciones laborales y profesionales. En los dos escenarios, la persuasión, la influencia y el poder, se convierten en protagonistas, pues aparentemente, el valor profesional, depende del cargo o de la posición jerárquica que se tenga dentro de una estructura empresarial.

Creemos constantemente que somos más exitosas, en la medida que nos encontramos en las partes más altas de los organigramas, donde es difícil llegar (de hecho, solo pocos lo logran) y desde donde se puede sentir cierto domino hacia abajo. Cuando emprendemos esta búsqueda incesante de una carrera en línea recta y en ascenso, sin una intención distinta a llegar al poder, nos perdemos de los procesos y de nosotras mismas y muchas veces vamos conquistando el fin, sin darnos cuenta que hemos llegado, porque nunca es suficiente.

Es en esta carrera afanosa, donde no nos damos cuenta que la influencia la podemos ejercer independientemente del cargo y que la misma, depende de las características personales que nos hacen inspiradoras y dignas de ser seguidas. Si vamos corriendo para llegar al poder, es muy probable vayamos de afán, que no conectemos con los otros, ni con nosotras, y que, por lo mismo, no nos volvamos ejemplares así nuestro cargo nos ponga a la cabeza.

Poder persuadir de manera auténtica, nos implica ser coherentes entre lo que somos y lo que hacemos, asumir una posición de liderazgo independientemente del cargo que ocupamos y ser conscientes de la responsabilidad que tenemos cuando otros nos miran. En este sentido, influenciar implica conectarnos, saber a dónde dirigirnos y actuar para eso.

¿Quiénes tienen más probabilidad de influenciar? Yo podría decir que por lo que he visto a lo largo de mi carrera y trayectoria, quienes más influencian son las mujeres más exitosas, entendiendo el éxito, como la conexión con el sentido de vida. Quienes más influencian, son quienes se han empoderado de sí mismas y no quienes ejercen su dominio sobre otros; son quienes logran percibir que su valor profesional no está solo en lo que saben, tienen o hacen, sino en lo que son.

Percepción del sentido del trabajo

Encontrarle sentido al trabajo, es una de las herramientas clave a la hora de influenciar y persuadir. Conectarnos con nuestro para qué profesional, descubrir lo que es importante para nosotras ahí, lo que recibimos, lo que entregamos y lo que somos como trabajadoras, es lo que hace la diferencia.

Movernos por nuestros propios valores y ser coherentes con ellos, va a hacer que tengamos una identidad clara, que inspiremos a otros y que los contagiemos de sentido. Quienes se conectan con su propósito laboral, viven una vida auténtica, adueñada, empoderada, tienen clara cuál es la dirección que deben emprender y encaminan sus acciones hacia allá. Eso genera bienestar, satisfacción y menos probabilidad de caer en el vacío existencial laboral (Martínez, E. 2019), por lo que terminan convirtiéndose en referentes a seguir.

No hay nada más inspirador que rodarse de personas que aman lo que hacen, que saben para donde van y dirigen sus esfuerzos hacia allá, que se sienten identificadas con su labor y que pareciera que la misma es coherente con lo que son. Contrario sucede, cuando tenemos cerca profesionales que no saben para qué hacen lo que hacen, que actúan desde su necesidad de poder y de reconocimiento, sin encontrar el valor trascendente del trabajo.

Muchas veces son otras personas y otras veces somos nosotras, las que nos sentimos impostoras, insuficientes, imperfectas y vamos reaccionando todo el tiempo, para evitarnos esa sensación de angustia y demostrar quién tiene el poder.

El sentido se contagia tan rápido como el sin-sentido, así que, como profesionales y trabajadoras, independientemente del cargo que ocupemos, tenemos la responsabilidad de preguntarnos y la libertad de decidir con conciencia, qué queremos inspirar a partir de nuestro trabajo.

El modelo de Meaning Work (Martínez E, 2014), adaptado de los planteamientos de Viktor Frankl, nos dice que, como seres humanos, todas tenemos la libertad y la responsabilidad de posicionarnos dentro de la dimensión laboral, de manera consciente e intencionada. Para ello no habla de cuatro formas en que podemos percibir el trabajo:

Modelo Meaning Work – Adpatado de Viktor Frankl

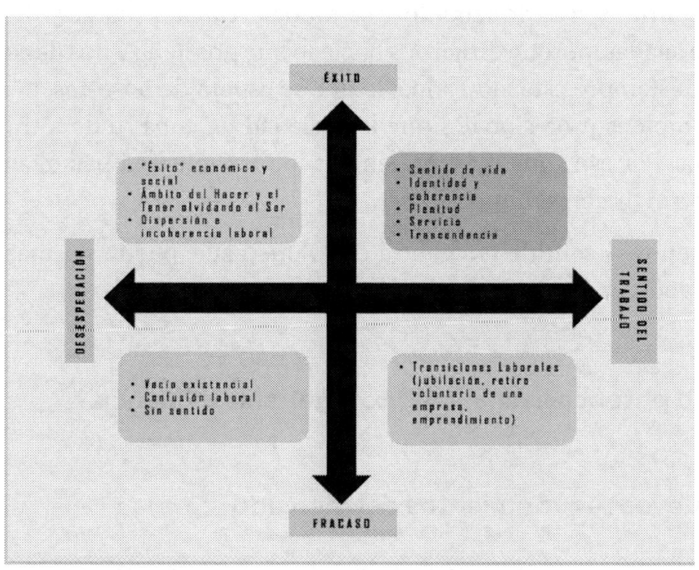

Fuente: El modelo de Meaning Work. - Martínez E. (2014). Coaching Existencial. Basado en los principios de Viktor E. Frankl. Ediciones SAPS: Bogotá Colombia

Es de esta manera que debemos procurar acercarnos a lo largo de nuestra trayectoria laboral, al cuadrante de Éxito y Sentido del Trabajo, encontrando conexión, coherencia e identidad, que nos va a llevar a la claridad profesional y a la definición de nuestro propósito ocupacional. Si bien hay muchas situaciones externas que nos pueden poner en cualquiera de los cuadrantes del modelo, depende de nuestras percepciones de la vida laboral (creencias de éxito, fracaso, trabajo, poder, dinero, capacidades personales) y de nuestra conciencia, irnos moviendo hasta sentirnos conectadas con el uso que le queremos dar a nuestra profesión.

Conectarnos con el sentido del trabajo significa entonces, tener claro quiénes somos y cuál es el impacto que queremos tener a través de lo que hacemos. Se trata de intencionar nuestra labor, de realizar nuestros valores al llevarla a cabo y de sentirnos nosotras mismas en el ejercicio. Encontrar sentido al trabajo significa ir atraídas por lo que nos llama y no empujadas por nuestros miedos a no ser admiradas, reconocidas o valoradas externamente.

Encontrar y vivir de acuerdo al sentido del trabajo, requiere de valentía y de agallas, porque dirigirnos hacia lo que nos llena y nos da satisfacción, no siempre está alineado a lo que se espera de nosotras, ni encaja en los moldes profesionales que la sociedad ha construido a través de los años. Por eso ¿qué más influencia y poder, que una persona que se decide a vivir con sentido?

Quien más sentido encuentra en lo que hace, puede ser más influyente, poderosa y digna de ser seguida.

¿Cómo potencializar el talento y generar influencia?

Los nuevos requerimientos del mercado

Para potencializar el talento y poder generar influencia con conciencia y responsabilidad, es necesario conocernos: saber quienes somos, saber para qué servimos, qué nos gusta, qué necesidad queremos ayudar a resolver y cómo podemos utilizar nuestra profesión como herramienta coherente con las respuestas anteriores.

Igualmente, es muy importante tener claro que estamos en una era de transición en la que el conocimiento está tomando el mando (Vilaseca, B. 2013). En ese sentido el mercado está rompiendo paradigmas y requiriendo nuevas características de los profesionales:

1. Competencias duras
2. Inteligencia
3. Competencias blandas
4. Autoestima
5. Conexión con el propósito

1. Competencias Duras:

Ya no se trata solamente de saber muchas cosas, sino de tener claro qué hacer con lo que sabemos. En la era del conocimiento, donde la información es accesible para todas las personas en todos los momentos, empieza a valorarse el ejercicio autodidacta y permanente en todas las disciplinas.

Los diplomas en sí mismos empiezan a perder protagonismo, porque más allá de una formación determinada, ahora es importante nuestra intención y propósito a la hora de contar con estudios formales, es decir no solo importa lo que hacemos sino el para qué lo hacemos.

La educación formal siempre va a apalancar y soportar nuestro qué hacer, pero en la era del conocimiento la información se amplía, se vuelve horizontal, constante y eso lleva a que como profesionales nos adueñemos más de nuestras habilidades duras y de lo que queremos aprender. Los cursos cortos, puntuales, específicos sobre temas técnicos en nuestras carreras, empiezan a tomar fuerza, así como la formación integral desde nuestra condición humana, lo que implica que ya no solo se vuelve necesario especializarnos en temas propios de nuestras disciplinas, sino en otros que nos permitan sobresalir como personas, complementando nuestras profesiones desde lo humano.

Ampliar la fuente de nuestros conocimientos y empezar a formarnos atraídas por lo que es significativo para nosotras y no solamente por llenar los requisitos bien vistos para nuestras profesiones, nos permite empoderarnos de nuestras carreras, sobresalir y volvernos referentes persuasivos e influyentes.

2. Inteligencia

Desde principios de los 90 Howard Gadamer, afirmó que la inteligencia humana es múltiple y polifacética, por lo que no se limita únicamente al análisis numérico ni verbal. Esto hace que tanto el mercado como el sistema educativo, esté empezando a valorar otras fortalezas que hacen a las personas talentosas, capaces y competentes.

En el momento que nos volvemos conscientes de eso y eliminamos nuestras ideas preconcebidas de inteligencia, podemos percibir nuestras diferentes formas de serlo y eso puede abrirnos espacios valiosos para poner nuestros talentos al servicio de nuestro trabajo y nuestra profesión.

Tener claro que la inteligencia además de matemática y lingüística puede ser espacial, musical, corporal, intrapersonal, interpersonal y naturalista, nos puede abrir campos inimaginados dentro de la rigidez de nuestras disciplinas, potenciar nuestro talento y llevarnos a un ejercicio de poder, enfocado en lo que somos.

3. Competencias blandas

Además de las competencias técnicas, en un mundo digitalizado y automatizado, cobran cada vez más importancia las habilidades blandas, propiamente humanas que nunca van a poder ser reemplazadas por la tecnología ni los computadores.

El autoconocimiento se vuelve cada vez más relevante, potenciar las habilidades humanas hace la diferencia, porque se trata en mayor medida de agregar valor, de aportar al bien común, de potenciar todo lo que no pueda hacer un robot y de generar riqueza en la sociedad, para poder tener más dinero. Borja Vilaseca afirma "si quieres ganar más dinero, pues genera más riqueza" y creo que eso se puede lograr en la medida que más conciencia tengamos de quienes somos y para qué hacemos lo que hacemos.

La imaginación, la pasión, la motivación, los talentos múltiples, la creatividad, la espiritualidad, la agilidad emocional, la proactividad, el trabajo colaborativo, la resolución de problemas, las habilidades comunicativas y sociales, empiezan a hacer la diferencia, en un mercado altamente competido. Los profesionales que se preocupan por desarrollar sus recursos personales y humanos, son los que verdaderamente persuaden, influyen y viven el poder como consecuencia de conectar con ellos.

Poder manejar lo impredecible, la incertidumbre, la ansiedad de estos tiempos, la impaciencia, la inmediatez, gestionar nuestras emociones y conectar con las de los demás, ser flexibles y darnos la posibilidad de reinventarnos y reconstruirnos personal y profesionalmente, nos va a permitir vernos y ser percibidas como mujeres empoderadas, auténticas e influyentes.

4. Autoestima

Nos movemos en sociedades y contextos laborales que poco fomentan la construcción de nuestra autoestima y que por el contrario nos invitan a interactuar desde el ego: desde nuestra mente condicionada, nuestros mecanismos de defensa y nuestras máscaras que todo el tiempo están buscando la aprobación externa y darnos valor de acuerdo a lo que hacemos y tenemos.

Un reto al que nos enfrentamos para poder potenciar nuestro talento y volvernos influyentes, es diluir el ego y potenciar nuestra autoestima. Buscar cada vez más adentro de nosotras mismas, desde el ámbito personal, para hacer consciente lo que somos y enfocarnos más en el ser que en el tener. Esa conexión con nosotras nos permite entender y sentir que valemos por lo que somos y no por lo que hacemos o tenemos a nivel profesional y a su vez es una conexión que nos potencia para sentirnos capaces y merecedoras de nuestros logros (Branden N. 1995).

Cuando nos conectamos con nuestra autoestima, vamos atraídas por lo valioso, por lo importante y dejamos de desgastarnos usando máscaras para percibirnos perfectas, no cometer errores y para buscar la admiración y el reconocimiento. La autoestima nos permite conectar con el sentido de nuestro trabajo, con su trascendencia; y la influencia y el poder terminan siendo consecuencias directas de tener una percepción sana de nosotras mismas.

El mundo laboral cada vez más requiere de profesionales más conscientes, con más amor por sí mismos, capaces de reconocer sus talentos, sus inteligencias, su personalidad, conectados con su mundo emocional que les permita más seguridad y menos máscaras. El mercado necesita de profesionales más atraídos por sus valores, que empujados por sus miedos y la autoestima juega un papel crucial para esto.

5. Conexión con el propósito

Tener claro el sentido de nuestro trabajo y el fin que nosotras le estamos dando, es lo que marca la diferencia en el ejercicio de nuestra profesión y es lo que nos lleva a ser influyentes y persuasivas. Encontrar sentido nos permite usar nuestros talentos para aportar valor y agregar riqueza.

El propósito parte de las ideas que tenemos sobre el trabajo en general, sobre nuestro trabajo en particular y sobre el impacto que queremos tener a través del mismo. Nos implica conectar nuestra pasión con nuestra razón, para sentirnos coherentes con nuestra identidad y dueñas de nuestra vida profesional.

Vivir una vida laboral con sentido, como lo hemos venido viendo, implica un proceso de autoconocimiento y toma de conciencia, que nos lleva a honrar nuestra libertad y a ejercer nuestra responsabilidad. Nos implica pasar de sentirnos víctimas del mundo laboral a sentirnos dueñas del camino que queremos seguir y de las decisiones que queremos tomar, así estas se refieran a la manera en que afrontamos un trabajo que no nos gusta.

El propósito profesional se manifiesta a través de nuestros talentos, de nuestras aptitudes, de nuestra inteligencia, es nuestro motor para la disciplina, la maestría, la dominancia de aquello que nos apasiona. Cuando algo tiene sentido, se vuelve disciplina porque nos gusta, nos hace sentir nosotras. El propósito laboral, nos pone sobre la mesa nuestras inclinaciones personales: valores, gustos, e identidad, tiene un impacto trascendente que va más allá del dinero (tener), para enfocarse en aquello que cada una de nosotras puede dar al mundo y aportar en la sociedad, desde la profesión que ha elegido.

Ken Robinson (2010), lo llama la conexión con el Elemento: me encanta, lo entiendo, lo quiero, lo busco, dando cuenta así de la importancia de conectar nuestro corazón y razón a ese "elemento" valioso, para definir nuestra dirección y emprender la acción que lo honre y lo realice.

La conexión con el propósito, es la que nos permite hacernos cargo de nosotras y nuestra vida profesional, salir de nuestro propio beneficio y orientarnos al bien común, definir nuestra pasión, nuestra misión, nuestra vocación y el rol que queremos desempeñar para generar impacto, persuasión e influencia.

Es así que podemos evidenciar que la persuasión, la influencia y el poder ejercidos desde la conciencia y la responsabilidad, se vuelven consecuencia de la conexión con nosotras mismas y con el sentido de nuestro trabajo y dependen directamente del valor que nos demos como personas. Todas servimos para algo, y la posibilidad de generar aportes, la obtenemos desde nuestro conocimiento personal.

Si nuestra profesión nos está haciendo cuestionar, quiere decir que está siendo un instrumento para nuestro propio descubrimiento y por lo mismo, quienes se están viendo a través de su labor, van a ser quienes influencian y persuaden con sentido.

Recordemos que ahora se trata no solo de lo que sabemos, sino de lo que hacemos con lo que sabemos, siendo allí donde está nuestro factor diferencial, nuestro aporte y nuestra marca personal única y con propósito.

Mi invitación es que nos permitamos conocernos y cambiarnos conforme a nuestros propios valores y aprovechar la tecnología y nuestro trabajo, como medios y herramientas para poder entregar nuestros talentos y no para seguir alimentando nuestro ego. Que el uso de las redes sociales, las plataformas digitales y nuestros cargos de poder en las organizaciones, sean intencionados desde lo que somos y no dirigidos desde nuestros miedos, aportando así a la construcción de un entorno laboral más sano, más real y más humano.

La persuasión, influencia y poder, deberían ser la consecuencia de contar con un perfil profesional auténtico, construido y reconstruido desde lo que somos.

Bibliografía

Branden, N. (1995). Los seis pilares de la autoestima. Espasa: Madrid, España

Gadamer, H. (1993). Estructuras de la Mente. Basic Books: Nueva York, Estados Unidos

Martínez E. (2019). Hazte dueño de ti. Meaning Corp: Bogotá, Colombia

Robinson K. (2010). El Elemento. Editorial Suramericana: Buenos Aires, Argentina.

Vilaseca, B. (2013). Qué harías si no tuvieras miedo. Random House Mondadori: Barcelona, España

El poder de soñar

Alejandra Gómez Moreno

Antes de entrar en este capítulo quisiera que te regalaras un minuto, respira profundo y exhala, cierra tus ojos, luego con tus ojos aún cerrados camina en tu mente hacía tu infancia, recuerda qué soñabas para tu futuro en ese momento. Luego con ese pensamiento en tu mente, con ese recuerdo traído al presente vamos a entrar en este capítulo escrito desde mi corazón para ti.

Identificar el sueño

Mi sueño era ser presidente de Colombia, me imaginaba trabajando por mi país, siempre tuve en mi corazón un deseo intenso por dejar una huella, por no transitar este camino de la vida sin extender mis manos para ayudar a los demás. Los años fueron pasando, las circunstancias de mi familia fueron cambiando y ese sueño cambió.

Cuando Alejandra llegó a su adolescencia, no quería crecer, pues era más cómodo seguir jugando y solamente imaginar. Mi familia estaba compuesta por mi mamá, una mujer trabajadora, soñadora y luchadora, mi padre un hombre que jamás se rindió a pesar de las situaciones difíciles y mi hermano hoy en día un gran músico, que para ese entonces también tenía un sueño: ser futbolista. Todo iba bien, todo funcionaba perfecto, hasta que una situación difícil en la economía tocó nuestra puerta. Los ahorros y los proyectos que teníamos como familia tuvieron que dar un giro inesperado, para hacerte corta la historia, tuvimos que pasar por momentos muy difíciles, los giros incontrolables de la economía de mi hogar me llevaron incluso a una crisis personal que terminó en una bulimia nerviosa, lo que para mí era normal, cambió.

Ver a mis padres preocupados por mi futuro me llenaba de angustia, sin embargo en esa época recordé que tenía un sueño, ese sueño tenía una esencia, ayudar a los demás. Quizás no sería presidente, pero si pudiese ser una abogada. A pesar de que el camino en ese momento era muy confuso, decidí aferrarme a la esencia de ese sueño, abracé lo que me motivaba para seguir soñando. Y es aquí donde viene este primer consejo: los sueños cambian, pero nuestra esencia sigue siendo la misma. Quizás el sueño que tenías hace muchos años decidiste enterrarlo o archivarlo, porque las circunstancias te llevaron a esa decisión. Te pregunto, ¿cuál es ese sueño que decidiste enterrar, archivar o eliminar de tu vida?

Con ese pensamiento en mi mente, abracé el sueño que se veía muy distante e imposible. Una mañana en un bus junto con mi mamá a mis 16 años me fui a vivir a Manizales a estudiar a la hermosa Universidad de Caldas. Todo era nuevo para mí y por supuesto muchos temores se apoderaron de mi mente, recuerdo que no hablaba mucho con mis compañeros de clase, porque sentía un nudo en la garganta. Así pasaron los cuatro primeros semestres, solo me faltaban seis más para ser abogada y lograr ese sueño.

Tomemos nuestras herramientas, son únicas

Un domingo frío madrugué a llamar a mis padres quienes vivían en Ibagué, ese día ellos me comunicaron con su voz angustiada un obstáculo más, una montaña que escalar, un desierto que atravesar. Recordé que el camino de los sueños no siempre es de colores, hay muchos momentos a blanco y negro. Mi mamá me dijo que enviarme dinero a Manizales estaba siendo muy difícil para ellos. A la semana siguiente, me desperté con mi sueño en mente e hice un listado de posibles soluciones, enlisté en mi mente cada posible camino para alcanzar ese sueño. Llamé a mis papás y les planteé una idea, irse a vivir conmigo a Manizales y que emprendiéramos juntos un negocio. Al mes siguiente mis padres junto con mi hermano llegaron a Manizales, arrendamos una casa enorme, en la cual acogimos a varios estudiantes de diferentes ciudades y con este negocio pudimos vivir durante varios años.

En el camino del cumplimiento de los sueños nos vamos a encontrar montañas enormes, valles que parecieran interminables, ríos profundos y caudalosos, desiertos sin oasis. En esos momentos es difícil ver opciones, puertas y salidas, sin embargo, en nuestro interior hemos sido equipados con una sensibilidad profunda que está atada a nuestra esencia. Esa sensibilidad nos conduce a una realidad que a veces pasamos por alto, somos únicos. Nuestra salida quizás no le guste a los demás, no sea lógica para otros, sea irracional para nuestra familia o pareja, pero siempre seremos iluminados para tomar las herramientas que el Creador nos ha entregado al habernos hecho únicos. Quizás si tu hubieses vivido esta misma situación, tus herramientas e ideas serían distintas, porque tu y yo somos únicos.

Agradecer por el camino recorrido y abrazarnos

Si pudiera sentarme con la Alejandra de hace unos años, me encantaría abrazarla, decirle que fue muy valiente, quizás me atrevería a cantarle, le pediría perdón por llevarla a los pozos profundos y dañinos de la comparación. Aún lucho con ese monstruo, pero mi espada para derrotarlo es agradecer por mi camino, recordar lo transitado y seguir soñando.

Hace unos meses cuando el monstruo de la comparación quiso visitarme, viajé a Manizales, fui a mi Universidad me senté en uno de los pasillos, cerré mis ojos y recordé muchos momentos felices, de colores, grises y oscuros, pero agradecí, decidí agradecer desde lo más profundo de mi ser por todo, absolutamente todo.

Este segundo consejo va acompañado de un reto, recordar y agradecer, a veces en el camino de la búsqueda de los sueños, olvidamos agradecer. La gratitud abre las puertas del cielo, abre caminos donde no los hay.

Personas y lugares oasis en el desierto

Al terminar las materias de la Universidad, me encontré con un nuevo desafío, hacer tesis o judicatura. Debía terminar muy rápido materias para poder empezar a trabajar, mi familia lo necesitaba, quería poder retribuirles en agradecimiento todo lo que habían hecho por mí. Así que empecé mi judicatura en un lugar que marcó mi vida, la Sala Civil Familia del Tribunal Superior de Manizales, recuerdo ese lugar como un barco dirigido por dos personas hermosas, Roberto y Bertica (el magistrado y su auxiliar), quienes cambiaron la vida de muchos de los que pasamos por allí. Para ellos siempre gracias, fueron para mí un oasis en el desierto que jamás olvidaré.

Después de casi un año de judicatura, en enero de 2010, llegó el momento de graduarme como abogada. ¡El sueño se había alcanzado!, y quería celebrar. Te parecerá increíble, pero no tenía ni zapatos ni vestido para ese día, nunca olvidaré que Tatiana me regaló justo los zapatos rojos que quería usar y Bertica el vestido blanco para ese día. Ese día personas oasis como, Ana María, Derly, Valentina, Luisa, Claudia, Kike, Andre, Tati, Julián, Lili, Luzda, se unieron para hacer de ese día un día inolvidable para mí, mis padres, mi hermano y mi abuela, unieron todo su amor para que ese día pudiéramos juntos agradecer por todo lo vivido, sin duda el Creador junta y reúne propósitos de vida.

Mi cuarto consejo consiste en replicar las bondades que hemos recibido, ser multiplicadores de esa agua que recibimos en los desiertos. Retener el agua que fluye del agradecimiento hace que los sueños se estanquen, no hay nada más hermoso que replicar las bondades en gratitud.

Eres más valiente de lo que te imaginas

Finalmente, quiero contarte una verdad que no se si conocías. Sabías que las mariposas no se pueden ver sus alas, cuando leí esto, quedé asombrada, no podía creer que las mariposas siendo tan hermosas no pudieran contemplar la majestuosidad de sus alas. Muchas veces nos pasa esto, creemos que no tenemos la capacidad de poder volar, porque estamos concentrados en otras cosas que nos distraen.

Mi último ejercicio para ti en esta lectura con todo mi corazón es, cierra tus ojos, piensa en esas alas hermosas que tú tienes y que nadie más tiene, son únicas esas alas, te van a llevar a volar tan alto como quieras. Recuerda también que, las mariposas descansan cuando llueve, porque sus alas pueden ser afectadas por la lluvia, permítete descansar también en ese camino, las pausas no son malas, son buenas, no debes volar al ritmo de otros, el vuelo es tuyo y de nadie más.